U0614702

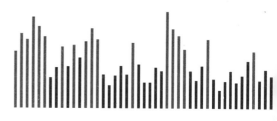

最具指导意义和实用价值的投资学精华读本

巴菲特的

投资秘诀

毛定娟 编著

THE INVESTMENT
KEYS OF BUFFETT

光明日报出版社

图书在版编目（CIP）数据

巴菲特的投资秘诀 / 毛定娟编著 . –– 北京：光明日报出版社，2011.6（2025.1 重印）
ISBN 978-7-5112-1102-6

Ⅰ . ①巴… Ⅱ . ①毛… Ⅲ . ①—投资—经验 Ⅳ . ① F837.124.8

中国国家版本馆 CIP 数据核字 (2011) 第 066132 号

巴菲特的投资秘诀

BAFEITE DE TOUZI MIJUE

编　　著：毛定娟

责任编辑：温　梦　刘伟哲　　　　　　　责任校对：文　槊
封面设计：玥婷设计　　　　　　　　　　封面印制：曹　净

出版发行：光明日报出版社

地　　址：北京市西城区永安路 106 号，100050

电　　话：010-63169890（咨询），010-63131930（邮购）

传　　真：010-63131930

网　　址：http://book.gmw.cn

E－mail：gmrbcbs@gmw.cn

法律顾问：北京市兰台律师事务所龚柳方律师

印　刷：三河市嵩川印刷有限公司

装　订：三河市嵩川印刷有限公司

本书如有破损、缺页、装订错误，请与本社联系调换，电话：010-63131930

开　本：170mm×240mm

字　数：192 千字　　　　　　　　　　印　张：15

版　次：2011 年 6 月第 1 版　　　　　　印　次：2025 年 1 月第 4 次印刷

书　号：ISBN 978-7-5112-1102-6

定　价：49.80 元

前 言

P R E F A C E

　　每一位投资者，要想取得较好的投资业绩，学习投资大师的投资策略是必不可少的。巴菲特正是值得每位投资者学习的最佳典范。

　　巴菲特被喻为"当代最伟大的投资者"，被称为"华尔街股神"，他在投资的发展史上可谓独占鳌头。在《福布斯》杂志推出的2008年度全球富豪排行榜中，巴菲特以620亿美元成为世界第一大富豪。生活中的很多富豪，他们的财富都来自产品或发明，但是，巴菲特的成功，靠的纯粹是投资。他从零开始，靠从事股票和企业投资聚集起了巨额财富。

　　巴菲特从1965年接手伯克希尔公司至2007年的42年间，经历过股市崩盘、高通货膨胀、两位数的银行利率等险恶情况，但伯克希尔公司从未出现过亏损年度，这是绝无仅有的奇迹。而且，伯克希尔公司每股的净值由当初的19美元增长到现在的50498美元，年复合增长率约为22%。

　　"如果一个人在1956年交1万美元给巴菲特管理，那么，到2002年年底，它将变成2.7亿美元，而且这还是税后收入。"

　　如果你想要学投资，巴菲特是永远值得学习的楷模。但是，资本市场不光是经济的晴雨表，更是一个能够深刻洞悉人类思维与行为的场所。你如果脱离美国当时历史阶段的经济环境，脱离开巴菲特个人特有的人格魅力，一味地模仿巴菲特就无异于东施效颦。

我们跟巴菲特学投资，是在学习他集中投资、长期持股、关心企业而不关心市场等的基础上，深入了解和把握这些投资规律和技巧，应用有关理论并分析其实用性，探索其在具体投资实践中如何具体运用，从而使自己的投资取得成功。

为了达到这一目的，我们编写了这本《巴菲特的投资秘诀》。

本书总结了巴菲特40多年的投资经验，并对他的投资精髓进行了简明扼要的介绍。更为重要的是，本书本着实用、全面的原则，通过巴菲特投资的经历，从怎样选股、怎样评估股票价值、怎样找到最佳买卖时机、怎样持股等7个方面，结合具体的投资经典案例，教你在投资中怎样实践操作，就如同巴菲特亲身教你投资一样亲切、自然，能让你迅速领会它的精华，从而在股市中赢得财富。

我想，我们读这本书的目的，并不是要每个人都像巴菲特那样积累600多亿美元的财富。我们读它的真正意义在于融会贯通巴菲特的策略、方法和思维，用它们来指导自己的投资实践。

事实上，在我们的日常生活中，投资也并没有看上去的那么难，它比我们想象的简单。我们可以通过学习来提升自我，以取得更好的投资成绩。

你可以抽出一点时间，细细阅读本书，学习一下巴菲特经过40多年的投资实践凝聚而成的投资智慧，领会巴菲特教你的具体投资实践，你在投资上肯定会取得更大的进步。

最后，让我们一起向真正的投资大师学习吧！

希望所有投资者都能取得成功！

目 录

···········

CONTENTS

第一部分

想成为佼佼者，先学习佼佼者

——向"股神"巴菲特学习

巴菲特被喻为"当代最伟大的投资者"，被称为"华尔街股神"，他在投资的发展史上可谓独占鳌头。他从零开始，靠从事股票和企业投资聚集起了巨额财富，登上了20世纪世界大富豪之冠的宝座。在40多年的时间里，他在股票市场的业绩非凡，获得了惊人的利润，未曾遭遇过大的风险，也没有出现过亏损年度，这是绝无仅有的奇迹。学习巴菲特的投资精髓，对我们普通投资者有重要的借鉴意义。

第二部分

找准投资目标

——选择超级明星企业

投资者不应该只盯住股票价格不放，而应该用企业家的眼光和所有者的心态去关注被投资的公司，看准投资目标的真实面目，判断它有无发展潜力和盈利能力，从而决定是否投资。不管市场多么复杂多变，你都要把握好选择投资目标这一关键。

选择股票是取得成功的第一步，也是最为重要的一步。选择股票要有战略眼光，这第一步迈不开，投资成功就无从谈起。

第三部分

独具慧眼抢先机

——准确评估股票价值

　　股票投资者在寻找到超级明星企业之后，买入其股票并不能保证他获得利润。他首先要对公司价值进行评估，确定自己准备买入的企业股票的价值是多少，然后跟股票市场价格进行比较，以期通过低于股票内在价值相当大的折扣价格买入股票，在股价上涨后以相当于或高于价值的价格卖出，从而获得高额利润。可以说，没有准确的价值评估，谁也无法确定应该以什么价格买入股票才划算。

第四部分
该出手时就出手
——寻找最佳买点

　　买价决定回报率的高低，买价越低于价值越安全。即使长线投资也是这样。巴菲特在投资过程中同样也十分重视买入的最佳时机。他还强调在买入股票上留有安全边际，而坚持"安全边际"是成功投资的基石。

　　对于普通投资者来说，寻找最佳买点，在合适的价位上买进是十分重要的。同样，我们也可适当掌握一些购买技巧，使我们买入的股票真正做到"物超所值"。

　　我们不是天才，也不完美，所以找到最佳的买点十分重要。如果找不到最佳的买点，我们可以选择不买。

第五部分

耐心持有，长线投资

——懂得持股策略

巴菲特认为，你不愿意拥有一只股票10年，那就不要考虑拥有它10分钟，他愿意永远持有那些优秀企业的股票。因为从短期来看市场是一台投票机，但从长期来看是称重机，只有经过较长的时期，股票价格才能逐步向价值回归。

事实上，并不是所有股票都要长期持有，只有极少数的股票值得长期持有。如果这家公司有价值增值能力，该公司就值得长期持有。

第六部分

会买是银，会卖是金

——学会抛售股票

> 巴菲特最喜欢持有一只股票的时间期限是：永远。但是，巴菲特并不是将所有买入的股票都要长期持有，事实上他认为只有极少数的股票值得长期持有。他也会在恰当的时期抛售已经不符合自己标准的股票。所以，不管你在一笔投资中投入了多少时间、精力，你首先应该确定退出策略。投资高手从不会在不知道何时退出的情况下就投资。
>
> 以十分划算的价格买永远也不卖的卓越企业是我们的最终目标，它会一直使我们致富。不过，在这个世界上，企业在用我们的钱以很高的投资回报率进行再投资时，往往会遇到问题。因此，我们只能在合适的时机选择平仓。

第七部分

把鸡蛋放在一个篮子里

——做一个集中投资者

　　一直以来，在投资界存在着两种截然不同的投资策略：集中投资和分散投资。集中投资者主张把所有的鸡蛋放在一个篮子里，而分散投资者则主张把鸡蛋放在不同的篮子里。

　　巴菲特一直将自己的投资方略归纳为集中投资，他在投资机会没有出现时，往往选择按兵不动。不过，一旦那种可遇而不可求的绝好机会来临时，他会选择进行大量集中投资。而且他从来不关注股价的短期变化，不管股市短期跌升，都坚持持股。可以说，集中投资策略是巴菲特取得巨大成功的最大原因之一。

　　学习巴菲特的集中投资策略，或许对你的投资实践会有很大的帮助。

第一部分

想成为佼佼者，
先学习佼佼者

——向"股神"巴菲特学习

　　巴菲特被誉为"当代最伟大的投资者"，被尊称为"华尔街股神"，他在投资发展史上可谓独占鳌头。他从零开始，靠从事股票和企业投资聚集起了巨额财富，登上了20世纪世界大富豪之冠的宝座。在40多年的时间里，他在股票市场上的业绩非凡，获得了惊人的利润，从未遭遇过大的风险，也没有出现过亏损年度，这是绝无仅有的奇迹。学习巴菲特的投资精髓，对我们普通投资者有重要的借鉴意义。

第一章
告诉你一个真实的巴菲特

巴菲特其人及其公司

有生之年我都会继续经营伯克希尔，之后我可能会通过降神会工作。

——巴菲特

巴菲特不愧为当代最伟大的投资者，他从 100 美元开始起家，通过投资成为资产达到 620 亿美元的世界第一大富翁。

沃伦·巴菲特 1930 年 8 月 30 日出生在美国内布拉斯加州的奥马哈市。他的父亲霍华德·巴菲特是当地的证券经纪人。他从很小开始，就对数字有着与生俱来的迷恋。1941 年，刚刚 11 岁的巴菲特便投身股海，购买了平生第一只股票。1947 年，巴菲特进入宾夕法尼亚大学攻读财务和商业管理。但他觉得学习教授们的空头理论不过瘾，两年后，他便考入哥伦比亚大学金融系，拜师于著名投资理论学家格雷厄姆。在格雷厄姆门下，巴菲特如鱼得水。格雷厄姆教给巴菲特丰富的知识和诀窍，巴菲特很快成了他的得意门生。1950 年，巴菲特申请进入哈佛大学，但被拒之门外。1956 年，他回到家乡创办"巴菲特有限公司"。1964 年，巴菲特的个人财富达到 400 万美元，而此时他掌管的资金已高达 2200 万美元。1965 年，35 岁的巴菲特收购了一家名为伯克希尔的纺织企业，1994 年底它已发展成拥有 230 亿美元资产的伯克希尔工业王国，由一家纺纱厂变成巴菲特庞大的投资金融集团。多年来，在《福布斯》杂志一年一度的全球富豪榜上，巴菲特一直稳居前三名。

　　巴菲特不愧为"世界上最伟大的投资者"，在他接手之后，一度濒临破产的伯克希尔公司不仅很快起死回生，而且已成长为资产达 1350 亿美元的"巨无霸"。

　　伯克希尔公司是一家以保险业占主体的多元化企业。在美国投资界，巴菲特素有"股神"之称，伯克希尔公司则被誉为他的"价值制造机"。在过去的 30 多年中，巴菲特把伯克希尔公司从一家基金公司发展成为涵盖保险、金融服务、航空服务、制鞋、钢铁、家具等多种行业的综合性公司。如今，伯克希尔公司旗下已拥有各类企业约 50 家，其中最主要的产业系是以财产保险为主的保险业务（包含直接保险与间接再保）。此外，该公司还生产从油漆、毛毯到冰激凌等一系列产品，并且同时持有诸如沃尔玛和宝洁等许多大型企业的股票。

　　有数据显示，1965 年巴菲特刚刚控股伯克希尔公司时，该公司每股投资的净资产仅为 4 美元，10 年之后的 1975 年就已经达到了 159 美元，到了 2006 年，更高达 80636 美元。

　　1965 ～ 2006 年的 42 年间，伯克希尔公司净资产的年均增长率达 21.4%，累计增长 361156%；同期标准普尔 500 指数成分公司的年均增长率为 10.4%，累计增长幅度为 6479%。

　　在伯克希尔公司中，占主体地位的保险公司——国民保障公司凭着出色的经营为总公司提供了健康的现金流量。纽约的一位投资银行家曾对巴菲特说，他认为伯克希尔公司是全美国唯一一家仅凭公司股权，就能拿出 50 亿美元的公司。公司的资产健康状况可见一斑。

美国著名财经杂志《财富》上，伯克希尔公司几次获得"全美十大最受尊崇的公司"的殊荣。

已到了古稀年龄的巴菲特头脑灵活，总是有新点子。这也是伯克希尔为什么总能以创新的方式回报投资者的秘密。凭着不断地创新并坚守自己的投资理念，巴菲特成为全球投资界的常青树。

巴菲特提醒您

华尔街会把任何东西卖给投资者，当投机看起来唾手可得时，它是最危险的。

巴菲特积累财富的历程

并不是因为我需要钱，而是因为挣钱并且看着它积累的过程具有乐趣。

——巴菲特

巴菲特的投资记录就像迈克尔·乔丹连续 20 年在 NBA 中得分领先一样惊人。

每年，《福布斯》杂志都要评出美国前 400 名富豪，称为"福布斯 400 精英人物"。这些超级巨富的财产，有的源于某种产品，如计算机软件或硬件，有的依赖某项服务，如零售业，还有的是由于出身幸运，靠继承遗产而榜上有名。在每年的前 5 名富豪中，只有一人是靠投资策略致富的，他就是巴菲特。

在 20 世纪 90 年代早期，巴菲特名列富豪第一。在接下来的几年里，他和比尔·盖茨总是在第一和第二之间变动。甚至在 2000 年，当福布斯 400 精英中许多人的财富都来自技术领域的增长时，避开高科技领域的巴菲特仍然牢牢占据着第四的位置，也仍然是前 5 名中唯一一位被《财富之源》专栏确认为其资产来源于"股市"的人。

在 20 世纪 50 年代后期，生活在奥马哈并且和巴菲特相识就相当于拿到了通往巨额财富的入场券。要想在入场券上打孔，你至少需要 500 美元进行投资，并且你必须对居住在一个小房子里，开着一辆大众牌小型汽车的一个二十几岁的投资者充满信心。

相信巴菲特的投资者只需把他们的钱交给巴菲特去经营，看着钱不断增值而变得腰缠万贯。如果你在 1957 年交给巴菲特 1 万美元，到 1970 年巴菲特解散了他的合伙公司时，你的资产已上升到 16 万美元。

如何才能积聚如此巨额的财富？大家都说第一个 100 万最难挣，然后挣钱就变得容易多了。某种程度上的确如此，挣钱的确会越来越容易，而且挣钱的速度也会越来越快，道·琼斯工业指数从 10000 点上升到 11000 点的速度比它从 2000 点上升到 3000 点就快了许多。随着基数的不断扩大，到达下一数字时的百分比在逐渐减少。应该说积累财富与打出 500 个本垒打的确不同，因为你打最后 50 个本垒打的难度和前 50 个本垒打完全一样。体育运动不懈的竞赛精神能够使你赢得全部成就，而财务知识对积累财富而言就像一只金鹅，让你想不赚钱都难。

在巴菲特从哥伦比亚大学获得经济学硕士学位后不久，格雷厄姆就邀请这位自己从前的学生加入他的公司——格雷厄姆—纽曼公司。在这家公司工作的两年时间里，巴菲特完全领会了格雷厄姆的投资方法。1956 年，格雷厄姆—纽曼公司解散了。就这样，巴菲特又回到奥马哈，此时他的净资产已达到 14 万美元。随后，靠着他从格雷厄姆那儿学到的知识、家人和朋友的财力支持以及自己投资的 100 美元，巴菲特开了一家有限合伙公司。那年，他 25 岁。

公司的运作非常简单，为了追求更多的利润回报，巴菲特在套利投机中还常常贷款。他将投机剩余的资金用于普通的股市投资，这部分资金通常只局限于三四个公司的股票。最后，随着他手中的资金逐渐扩大，巴菲特通过财政杠杆已经能够控制他所投资的公司了。这时，巴菲特发现他能够收购那些价值被低估的公司，并改善公司的财务状况，然后他就能以更高的价格将公司出售来赚取更多的利润。巴菲特就是在这个时候组建了他著名的伯克希尔投资公司。

随着公司资产的增加，巴菲特的自有资产也大幅增加。他每年都把 25% 的佣金提成再投入到基金中去，这就使他的自有资产增加的速度大大超过了基金本身的发展速度。根据他分红的记录，到1964 年，巴菲特自己在基金中的投资已经超过了 230 万美元。1966年，这一数字达到了 690 万美元。而到了他结束合伙制的 1969 年，基金总资产已经超过 1.04 亿美元，其中巴菲特自己的资产大约有2500 万美元。他已经走上了自己一生辉煌的投资道路。

1969 年，当巴菲特结束了他的投资合伙事业时，这个 39 岁的留着平头的人已经拥有了 2500 万美元财富，他的阅历已经足够丰富。他开始担忧起股市中公司的价值水平，并向投资者提出警告远离股市。就像在 1999 ～ 2000 年的情况一样，1969 年的华尔街具有明显的崩溃迹象：有利好消息的股票的价格远远超出其实际价值，而其他股票却一路下跌。股票价格被普遍高估，同时被低估的股票也在下跌。这一轮蓝筹股投机泡沫直接导致了 1973 ～ 1974 年的股市大崩溃，市场大跌了约 50%。

此时，巴菲特理智地停止了投资，他警告合伙人说股市上的高价将会急剧下跌。他写道："我们非常幸运。如果这一年我们没有及时地清算，就将会遭受巨大的损失。在我的投资生涯中，我第一次认识到处于高超的投资管理与消极的债券投资之间的那些一般的投资者几乎没有任何盈利的机会。"

20 世纪 70 年代，巴菲特使他在伯克希尔公司中的 29% 的股份也逐渐增加。巴菲特大约拥有其中的 52 万股，平均成本为 32.45 美元。在 1965 ～ 2004 年间，也就是从巴菲特 1965 年控股并开始管理伯克希尔公司投资的 40 年间，伯克希尔公司每股净值由当初的 19 美元成长到 2004 年底的 50498 美元，年复合成长率约为 22%。

巴菲特 40 年来的商业记录可以被看作是"资产分配"的过程。也许有人会说，巴菲特自 20 世纪 50 年代开始的事业主要是基金管理。他利用收购公司的方式在整个金融领域内遍寻被低估的货币资源，并把这些资源进行典型的资产组合使其以每年 20% ~ 30% 的速度增值。他把这个过程中增值的每一美元都转化到伯克希尔公开商业实体中去。这些年中，这个持续膨胀的"伯克希尔保险柜"吸纳了数以十亿计的资金。

无论是巴菲特的朋友、商业伙伴还是股东，他们对巴菲特的评价都惊人的一致，这正是巴菲特超凡的智力、精熟的财务知识以及他不屈不挠精神的最好明证。虽然他是个兴趣广泛的成年人，可他又像是个能点石成金的做事认真的大孩子，这让所有人都无法忘记他。

如果只和巴菲特在一起待几分钟，也许你会被他朴素的外表和面对陌生人时所表现出的一丝内向所迷惑。如果同他在一起待上 20 分钟，让他能够熟悉你，你就会听到他那百科全书式的演讲，其内容从大学橄榄球赛到拉美可口可乐销量增长幅度，甚至各主要银行资产负债表无所不包。那些有幸同他待 20 分钟以上的听众所听到的还不只这些。大约有 1.4 万位投资者不惜花 1000 美元到奥马哈，只为听他一天演讲。

最神奇的投资神话
——巴菲特：投资 39 年盈利 2595 倍

如果你在 1956 年把 1 万美元交给巴菲特，它今天就变成了大约 2.7 亿美元，而且这还是税后收入。

——安迪·基尔帕特里克

多年来，巴菲特在他的办公室里阅读和思考，已经创造了数十亿美元的股东价值，使几十位早期投资伙伴的财富超

过了数千万美元，使几百位投资者成了百万富翁。

巴菲特被喻为"当代最伟大的投资者"，在美国《财富》杂志1999年年底评出的"20世纪八大投资大师"中名列榜首。

如果将巴菲特的旗舰公司伯克希尔公司39年来的逐年投资绩效与美国标准普尔500种股票价格指数绩效相比，可以发现巴菲特在其中的34年中击败指数，只有5年落后于指数。更难能可贵的是，美国股市在这39年中有10年出现下跌甚至大幅下跌，而巴菲特管理的伯克希尔公司在这39年中只在2001年发生了 −6.2% 的净资产值下跌，其余38年中都持续增长。

在39年的时间里——从艾森豪威尔时代到比尔·克林顿执政，无论股市行情牛气冲天抑或疲软低迷，无论经济繁荣抑或是不景气，巴菲特在市场上的表现总是非常好，不但创造了惊人的429亿美元的财富，也为他的股东带来了巨大的财富升值。

如果一个人在1964年巴菲特开始掌管伯克希尔公司时投入1万美元并且坚持到2003年，这1万美元的投资回报将会达到2595万美元。

事实上，投资巴菲特的公司的股东们也绝不是一帆风顺的。在1973～1974年那场严重的经济衰退中，公司受到了重大打击，它的股票价格从每股大约90美元跌至每股40美元。在1987年的股灾中，它又受到了冲击，股票价格从每股大约4000美元跌至3000美元。在1990～1991年海湾战争前的几个月内，它再次遭到重创，股票价格从每股8900美元急剧跌至5500美元。

在1998～2000年期间，伯克希尔公司宣布收购通用再保险公司之后，它的股价也出现了暴跌。让利优惠的保险定价和频繁发生的自然灾害，使通用再保险公司蒙受了巨大损失，伯克希尔公司投资的几家形象良好的公司，如可口可乐公司和吉列公司，它们的股票也因此出现了严重亏损。利率的攀升打击了伯克希尔公司大量的债券组合。伯克希尔的股票价格从1998年中期的每股大约80000美元跌至 2000 年初的 40800 美元。

1999 年，市场上流传着一些有关巴菲特健康状况的不利谣言，因特网上散布着一些不实的小道消息以及有关巴菲特失去知觉的各种谣言，所有这些传言使伯克希尔股票在 2000 年初大幅下挫。特别是 2000 年 3 月 10 日，伯克希尔公司的股票创下了每股 40800 美元的低点。

巴菲特在 2001 年伯克希尔公司的年报中写道："对于那些喜欢巧合的人们来说，这里就有一个奇妙的巧合，股市大泡沫结束于 2000 年 3 月 10 日（然而，我们直到数月之后才意识到这一事实）。这一天，纳斯达克综合指数（最近为 1721 点）创下了它有史以来最高的 5131 点。而在同一天，伯克希尔的股票价格却跌至 40800 美元，成为自 1997 年以来的一个最低价。"

尽管巴菲特的公司经历了几多波折，但是 40 多年来，它还是创造了骄人的成绩。

从 1965 年到 2002 年年底，伯克希尔的股票价格上涨了 6000 多倍。而在同一时期，来自"梦之街"的道·琼斯工业股票平均价格指数大约从 1000 点上升到 10000 点。

当巴菲特在 1965 年收购伯克希尔公司时，伯克希尔的股票价格只有十几美元，而道·琼斯指数接近 1000 点；1983 年，伯克希尔的股票价格约为 1000 美元，而道·琼斯指数约为 1000 点；到了 2002 年，道·琼斯指数约为 10000 点，伯克希尔的股票价格却涨到了大约 75000 美元。通过他的合伙企业以及后来的伯克希尔公司，巴菲特缔造了一个令人难以想象的金融帝国。现在，巴菲特和伯克希尔公司拥有好几家世界级大企业的部分股票，其中包括可口可乐公司 8% 的股份。

如果你非常走运或者说很有远见，你的资金就会获得 27000 多倍的惊人回报，而同期的道·琼斯工业股票平均价格指数仅仅上升了大约 11 倍。再说，道·琼斯指数是一个税前数值，因而它是一个虚涨的数值。

如果伯克希尔的股票价格为 7.5 万美元，在扣除各种费用、缴纳各项税款之后，起初投资的 1 万美元就会迅速变为 2.7 亿美元，其中有一部分费用发生在最初的合伙企业里。在扣除所有的费用和税款之前，起初投资的 1 万美元就会迅猛地增至 3 亿多美元！无怪乎有些人把伯克希尔股票称为"人们拼命想要得到的一件礼物"。

那么巴菲特在不到半个世纪的时间里是怎样盈利 2595 倍的呢？

巴菲特非常喜欢简单的企业。他只在美国少数几个经济部门从事投资活动。在伯克希尔公司下属那些获取利润的企业中，没有哪个企业是从事研究和开发工作的。

关于简单企业的解释就是"我们公司生产浓缩糖浆，在某些情况下直接制成饮料，我们把它卖给那些获得授权的批发商和少数零售商进行瓶装和罐装"。你知道，这就是可口可乐公司的解说词——来自可口可乐公司 1999 年年报。一个多世纪以来，这句解说词一直出现在它的每份年报当中。简单和永恒正是巴菲特从一家企业里挖掘出来并珍藏的宝物。

作为一名矢志不渝的公司收购者，巴菲特喜欢收购企业，不喜欢出售企业，对那些拥有大型工厂、技术变化很快的企业通常退避三舍，他回避那些劳保费用高、养老负担重、产品变化大的企业。他也不喜欢雇员跳槽。伯克希尔公司在过去的 35 年里很少有哪个经理离职，除非他病故或者退休。

长期以来，这家合伙企业在巴菲特挣得了属于他自己的那份满意的收益之后，每年都获得 29% 的回报，而那些有限合伙人也取得了不俗的每年 22% 的收益。巴菲特创立了一个具有永恒价值、拥有巨大财富的企业。

在巴菲特合伙公司共计 13 年的历史中，虽然经历过几次严重的熊市，但是，巴菲特合伙公司从未有过业绩亏损的年份。恰恰相反，他创造了一个 29.5% 的综合收益率。伯克希尔公司本身的股票价格每年上涨约 25%，超过了其账面价值每年递增 22% 的涨幅。公司表现最佳的年份是 1976 年，这一年的账面价值增长了 59%。

巴菲特远离华尔街那帮疯狂的人群，默默地投资运作，只是在几年前才被人们称为美国首富。1993 年，《福布斯》杂志将巴菲特列为美国首富，身价 83 亿美元。根据《福布斯》杂志的计算方法，巴菲特在 1994 年变为次富，身价 92 亿美元，位居身价 93.5 亿美元的比尔·盖茨之后。2002 年，《福布斯》杂志发现，盖茨再度成为首富，身价 530 亿美元，而巴菲特则为次富，身价 350 亿美元。

巴菲特积聚财富的速度比飞出枪膛的子弹还快。他的价值投资理念也使他声誉卓著，他成了一位神话英雄，成了现代投资的典范。

由于巴菲特长期保持辉煌的业绩纪录，虽说其投资生涯当中也曾遭遇过一些意外的挫折，但是，他仍然卓尔不群，如同这个世界的商业之神。

巴菲特提醒您

你的工作就是在你的能力范围之内进行投资。你要找到你的生活与投资的边界。

第二章

"股神"的投资圣经

投资企业而非股票

在购买股票时你不要只看股票或是跟随市场行情，而是要将自己当成企业分析师。

——巴菲特

购买股票时你要将自己视为企业的所有者。

"投资企业而非股票"是巴菲特的投资理念。巴菲特投资哲学的精要，在于投资企业的前景。他主要是进行企业投资，而不是股票买卖。

巴菲特的一个合伙人曾经讲过："要了解一个企业，除非你成为公司的一个部分。"巴菲特集中在三个方面分析企业经营者：第一是诚实，只有诚实的人才有可能以企业主的眼光来经营企业；第二是信奉保守的财务策略，即用最少的钱为股东创造最多的财富，他特别喜欢公司用保留盈余回购自己股票的财务行为；第三，如果你不喜欢公司经理人花钱的方式，就不要投资这家企业。

巴菲特一生固守理性的投资原则，只投资企业而非股票。巴菲特的伯克希尔公司投资的企业包括美国运通、可口可乐、吉列、华盛顿邮报、富国银行以及中美洲能源公司等。坚守这一投资理念，巴菲特将伯克希尔公司从一个40年前濒临破产的纺织厂发展到2001年公司净资产达到1620亿美元的巨型公司。

巴菲特投资企业的原则很简单：一是以便宜的价格购买优质企业；二是只购买那些已经有一个出色总裁存在的优秀企业；三是坚持以最低的成本运作，手中持有充足的现金。

巴菲特投资公司的标准为：所选择的公司一定要稳定经营、产品简单、财务稳健、经营者诚实理性、经营效率高、具有"经济商誉"和较高的"所有者收益"。而除去这种选择依据之外，非常重要的另一点是他能够长期坚持，矢志不渝。巴菲特之所以能够不被别人轻而易举地复制，就在于他能够始终如一地坚持、恪守自己的投资理念，在市场条件与其投资理念相冲突时，他宁可选择暂时退出市场，也不放弃自己的理念。也正是这样不为市场所动，才使他安全度过了美国历史上的多次股灾，成功地为股东保护和增加了财富。

正是由于巴菲特具有长时间的、稳定的业绩，才能给股东很大的说服力，使他们相信在以后的投资过程中，巴菲特还能做到与原来一样成功，因为巴菲特以往的投资业绩已经使得这些股东完全理解了他的投资理念。

事实上，在我们进行股票投资时，大多数投资者已经习惯了购买股票，但他们可能没有想过自己实际上也是购买了某家企业的一部分。

巴菲特于1973年股市重挫时，向华盛顿邮报投资了1000万美元，在此后的4年内，他又陆续追加投资4000万元，此后他一直拥有这家公司的股票。事实也证明，华盛顿邮报让巴菲特和他的伯克希尔公司收益颇丰。可是，并非人人都能坚持20多年拥有一家企业的股票而不动摇，除非他将自己看成了企业的所有者，否则他是不可能做到这一点的。

你首先要认真选择企业，然后购入它的股票并长期拥有，而且不轻易放弃。这才是一个股东负责任的做法，而不是只将股票当作套利的工具。

作为一般投资者，你不要理会市场分析或是那些对宏观经济趋势的看法，而要将你的眼光专注于你所选择的企业及这个行业上。你所做的一切，要像一个真正的企业所有者那样，明白企业的优势在哪里，知道它下一步会怎么做，了解它的管理层。

也许有人会问，作为小投资者，手中的资金有限，接受的信息量有限，甚至能够投入的时间也有限，又怎么可能像巴菲特那样购买并拥有企业呢？似乎这种事实可以给我们提供最直接、最令人信服的借口，让我们心安理得地追涨杀跌，而忽略企业的内在价值。

其实，小投资者拥有巴菲特没有的自由与优势，我们拥有更广泛的选择股票的自由。此外，你购买股票时的操作要简单得多，不需要同别人谈判，市场先生每天都会给你一个报价，你需要考虑的唯一问题只是企业与价格。

也许有人会说自己投资的金额并不多，当然也就用不着效仿巴菲特购买企业的方法去操作了。可是，巴菲特还说过这样一番话："当我还在经营自己的合伙人企业时，我曾经对自己做过的所有的大宗交易与小宗交易做过一次回顾性的研究。我发现我们在大宗交易上的成绩要远远好于在小宗交易上的成绩。这个现象不难理解，因为我们在进行每一项大宗投资之前，都会去考察很多东西，对企业的了解也因此更为透彻，而在进行小的投资决策前，我们的表现则显得粗心大意。"

正如我们所看到的那样，很多投资者购买某家企业的股票的原因是自己在某个晚上听到别人谈论过这只股票。你不愿意认真去了解和掌握一些事实，你认为自己只不过买了几百股，所以也用不着那么麻烦。我们的这种轻率的癖性使自己在面对金额不大的小投资项目时，显得那样不理智。正是由于我们手里的资金有限，又将它们分散在几只不同的股票上面，这样我们所有的交易注定都只是小宗交易。

每一个投资者都应当好好思索一下自己的问题出在哪里，如果你能真正认真地做好每一笔交易——不管这宗交易数额多大，你在投资领域的成绩可能会好得多。

巴菲特提醒您

当你把投资看成是对企业投资时，你的投资会相当聪明。投资的要义在于买什么类型的企业，利用什么价格买你所选定的企业。

‖ 投 资 课 堂 ‖
公司规模与股票盈利大小的关系

公司规模大小对投资者购买股票能赚多少钱关系重大。大公司的股票一般不会有大的上涨。要想在股票上赚大钱，还须在较小的公司上投资。如购买可口可乐公司的股票，你就别指望在 2 年里股价能涨 4 倍。这并不是该公司的生意不好，而是因为这是大公司，投资者不该期望过高。

如果其他条件相当，你最好买小公司的股票。因为对于一些大规模企业在可以预见的将来成倍地发展是不大可能的。相反的，对于一些小企业来说，成倍地发展的可能性极大。特大规模企业的股票具有收益稳定、但增长不快的特点，比较适合稳健保守的投资者进行投资。

紧盯通货膨胀

通货膨胀是一场灾难，但在这场灾难的背后也会给投资者带来福音。

——巴菲特

所有投资者都必须考量通货膨胀给投资所带来的影响。

通货膨胀是影响股票市场以及股票价格的一个重要的宏观经济因素。这一因素对股票市场的影响比较复杂。它既有刺激股票市场的作用，又有抑制股票市场的作用。通货膨胀主要是由于过多地增加货币供应造成的。

一般说来，通货膨胀对投资人的影响是很大的。通货膨胀率的高低就等于手中握有现金的实质价值损失幅度。假设通货膨胀率是25%，实质购买力就减少25%。巴菲特认为，起码要获得25%的投资报酬率，才能使实质购买力维持不变。所以，通货膨胀对大多数投资者来说是敌人，但也有一部分人能从通货膨胀中获利。那些负担为期30年且房屋贷款利率为5%的购屋人，会因通货膨胀而获益，原因是他们的收入会增加，而必须缴纳的房贷利息都是固定的。公司企业也同样受益于通货膨胀，那些在20世纪60年代成功地说服投资人以固定利率提供资金给公司作长期运用者，也因为通货膨胀之故，可以用较低的成本偿还贷款利息，因此投资人因为实质购买力相对变小成为通货膨胀的最大受害者。

在20世纪60年代，如果投资人以4000美元购买通用汽车的公司债券，而当时的4000美元可以用来买一部新车，到90年代，通用汽车把4000美元的本金还给投资人时，这笔钱只能买到1/4台新车。因此所有投资人都必须考量通货膨胀带来的影响。

> 在投资消费者独占的企业时，通货膨胀也会让他的投资价值增长，帮助他变得富有。这就是出色投资家的高明之处。

伯克希尔在 1972 年付出约 3500 万美元买下喜诗公司，相当于 8% 的税后回报率，和当年度的政府公债所提供的回报率 5.8% 相比，喜诗的税后回报率 8% 显然不差。巴菲特也从通货膨胀中得到了好处。

巴菲特指出，高通货膨胀加重了公司对股东收益的负担。为使投资者获得真正的收益，公司必须获得比投资者的痛苦指数更高的资本收益率。痛苦指数指的是纳税（红利收入税和资本所得税）与通货膨胀的总和。

巴菲特认为，所得税从来不会将公司的正收益变为股东的负收益。如果通货膨胀率为 0 的话，即使税率是 90%，仍会有股东收益。但是，正如巴菲特在 20 世纪 70 年代末所目睹的那样，随着通货膨胀上升，公司必须为股东提供一个更高的权益资本收益率。对于资产收益率达到 20% 的公司（巴菲特认为这个成绩很少有公司能达到）来说，处在 12% 的通货膨胀率下，只能给股东留下极少的东西。当税率为 50% 时，一个资产收益率为 20%，并且全部收入用于分红的公司的实际净收益率只有 10%。在 12% 的通货膨胀率下，股东只能获得仅仅为年初 98% 的购买力。当税率为 32%，若通货膨胀率为 8%，则净资产收益率为 12% 的公司对股东的回报便降为零。

传统观念多年来一直认为，股票是与通货膨胀相对冲的工具。投资者也往往相信，公司自然会把通货膨胀的代价转嫁给消费者，从而保护公司股东的投资价值。但巴菲特则认为，通货膨胀并不能保证公司获得更高的权益资本收益率。通常情况下，有 5 种方法能使公司增加权益资本收益率：

1. 增加资产周转率（销售额与总资产的比率）。

2. 增加经营利润。

3. 减少纳税。

4. 增加财务杠杆比率（即提高负债率）。

5. 使用更便宜的财务杠杆（即利率更低的债务）。

巴菲特相信，事实上通货膨胀无所不在，它会造成财富增加的假象。30年前花了10万美元买的房子，现在价值50万美元，难保你不会暗自窃喜。纵使你决定卖掉原来的房子买一间和原先大小相仿的新房要花费50万美元，你也会觉得自己还是变得更富有了。30年前，你的年收入2万美元，现下你的年收入是10万美元，虽然你认为自己赚到了更多的钱，但实际上，这10万美元的实际购买力并没有比30年前2万美元的实际购买力高出多少。所以，你变得富有了吗？其实不然。如果你的收入固定，或者购买长期债券，或手中持有现金，你的实质财富大多会减少。

巴菲特承认他无法预知高通货膨胀的情况何时还会再发生，但是赤字支出的持续恶化将使得通货膨胀无法避免。巴菲特善于选择那些可以用较小的净有形资产创造较高获利的公司，正因为具备这样的优势，即使受到通货膨胀的影响，市场上仍允许这些公司拥有较高的本益比。通货膨胀虽然会给许多企业带来伤害，但是那些具备消费独占性的公司却不会受到损害，相反，还能从中受益。

通货膨胀既有刺激股票市场的作用，又有压抑股票市场的作用，它是影响股市及股价的一个重要宏观经济因素。通货膨胀主要是由于过多地增加货币供应量造成的。货币供应量与股票价格一般是成正比关系，即货币供应量增大使股票价格上升，反之，货币供应量缩小则使股票价格下降，但在特殊情况下又有相反的作用。

货币供给量对股票价格的影响有3种表现：

1. 货币供给量增加，一方面可以促进生产，扶持物价水平，阻止商品利润的下降；另一方面使得对股票的需求增加，促进股票市场的繁荣。

2. 货币供给量增加引起社会商品的价格上涨，股份公司的销售收入及利润相应增加，从而使得以货币形式表现的股利（即股票的名义收益）会有一定幅度的上升，使股票需求增加，股票价格也就会相应上涨。

3.货币供给量的持续增加引起通货膨胀，通货膨胀带来的往往是虚假的市场繁荣，造成一种企业利润普遍上升的假象。保值意识使人们倾向于将货币投向贵重金属、不动产和短期债券上，股票需求量也会增加，从而使股票价格也相应增加。

由此可见，货币供应量的增减是影响股价升降的重要因素之一。当货币供应量增加时，多余部分的社会购买力就会投入到股市，从而把股价抬高；反之，如果货币供应量少，社会购买力降低，投资就会减少，股市陷入低迷状态，股价也必定会受到影响。而另一方面，当通货膨胀到一定程度，通货膨胀率甚至超过了两位数时，将会推动利率上升，资金从股市中外流，从而使股价下跌。

总之，当通货膨胀对股票市场的刺激作用大时，股票市场的趋势与通货膨胀的趋势一致；而其压抑作用大时，股票市场的趋势与通货膨胀的趋势相反。

巴菲特提醒您

即使你不能从通货膨胀中获利，你也可以寻找其他方法以避开那些会被通货膨胀伤害的公司。通常说来，需要大量的固定资产来维持经营的企业往往会受到通货膨胀的伤害；需要较少的固定资产的企业也会受到通货膨胀的伤害，但伤害的程度要小得多；经济商誉高的企业受到的伤害最小。

一鸟在手，胜过百鸟在林

> 内在价值是一个非常重要的概念，它为评估投资和企业的相对吸引力提供了唯一的逻辑手段。
>
> ——巴菲特

股票投资失利，常常不是对象的问题，而更多的是不懂得呵护最拿手的投资标的问题。

"一鸟在手，胜过百鸟在林。"巴菲特在伯克希尔公司的年报里，引用古希腊《伊索寓言》中的这句谚语，再次阐述了他的投资理念。

事实上，这个用来评估所有为取得金融收益而购买资产的价值评估公式，从公元前600年的一位智者第一次提出后（虽然他还没有聪明到能够知道当时是公元前600年），从来就没有变过。这一奇迹就是伊索和他永恒的——尽管有些不完整的——投资智慧：一鸟在手，胜过百鸟在林。要使这一原则更加完整，你只需再回答3个问题：

1. 你能够在多大程度上确定树丛里有小鸟？

2. 小鸟何时出现以及有多少小鸟会出现？

3. 无风险利率是多少（巴菲特认为应以美国长期国债利率为准）？

如果你能回答出以上3个问题，你将知道这片树丛的最大价值是多少以及你现在需要拥有小鸟的最大数量是多少，这样才能使你现在拥有的小鸟价值正好与树丛未来可能出现的小鸟的价值相当。当然不要只是从字面上理解为小鸟，准确地说是资金。这样延伸和转化到资金方面，伊索的投资格言放之四海而皆准。它同样适用于股票市场。

巴菲特认为一般的评估标准，诸如收益率、市盈率，或市价净值比，甚至是增长率，与价值评估毫不相关，除非它们能够在一定程度上提供一家企业未来现金流入流出的一些线索。

事实上，如果一个项目前期的现金投入超过了未来该项目建成后其资产产生的现金流量贴现值，增长反而会摧毁企业的内在价值。要是这项投资计划早期的现金流出大于之后的现金流入折现值，有些市场分析师与基金经理人口口声声将"成长型"与"价值型"列为两种截然相反的投资风格，这只能表明他们的无知，绝不是什么真知。成长只是价值评估公式中的因素之一，它通常是正面因素，但是有时也是负面因素。

巴菲特的伯克希尔公司的资本年平均盈利率达到24%，其股票是全球股市上最贵的。当然，在技术股份流行的时候，这家公司也曾经黯然无光过。当时股市投资者对技术网络股的追捧几近疯狂，但巴菲特不愿冒险，他宁愿与这类股票擦肩而过，为此伯克希尔公司的股价大幅回落。当华尔街各类股指连创新高的时候，伯克希尔公司的股票价格却赫然触底，由1998年公司每股盈利2362美元，到1999年盈利跌至只剩1025美元，伯克希尔公司的股价跌到4万美元，较全盛时期1998年6月底的8.4万美元，下跌了一半以上。

当时，人们对巴菲特颇多微词，就连他本人也在向股东交代过去一年投资情况的年报里说："即使乌龙侦探克鲁索（法国电影中的低能侦探），也能一眼看出你们的主席有过失……我的'资产分配'不及格，最多只有丁级。"

不过巴菲特并不想改变自己的投资理念。他认为，美国企业高获利水准难以维持，美国长期利率在5.5%左右，在这种情况下，股东权益报酬率能否维持在18%至20%很值得怀疑。他的投资观点是，不迷信华尔街，不听信谣言，并且不计较短期的得失。他只选择那些在某一行业中长期占据统治地位，技术上很难被人剽窃，同时有过良好盈利纪录的企业。至于那些今天不知道明天会怎样的高技术公司，巴菲特总是像躲避瘟疫一样避开它们。

巴菲特是一个长期投资家，他的爱好就是寻找可靠的股票，把它尽可能便宜地买进，尽可能长久地持有，然后坐看它的价值一天天地增长。1969年，美国各方面的情况都很好，经济持续增长，股市一路上扬。但巴菲特认为这样下去不会有好结果，他的教条之一就是当股市猛涨的时候要保持距离。他往后缩了，再也找不到想要买的股票了。于是他决定清算自己的公司，把属于每个股东的股份都还给他们。他决定休息一段时间，等待股市下跌。果然，到 20 世纪 70 年代初，股市开始动荡，华尔街大公司的股票一个接一个地迅速下跌。这时候，巴菲特开始出击。他新建了伯克希尔公司，并使它在几年之内，就成为可口可乐、吉列、《美国快报》、迪士尼、《华盛顿邮报》等众多美国知名企业的主要股东。

巴菲特给股民的忠告是："人们总是会像灰姑娘一样，明明知道午夜来临的时候，（香车和侍者）都会变成南瓜和老鼠，但他们不愿须臾错过盛大的舞会。他们在那里待得太久了。人们现在已经——或者是应该——了解一些古老的教训：第一，华尔街贩卖的东西是鱼龙混杂的；第二，只选择你最拿手的投资标的。"

作为一般投资者，总是不明白"一鸟在手，胜过百鸟在林"的道理，常常会犯"吃碗里、看碗外"的错误，因而错过当下最该珍惜的事物。目前股票市场上可供选择的股票有 1000 多种，对许多投资人来说，就好像要参加千人舞会，有上千名佳丽任你邀约。大多数散户往往像花蝴蝶般东沾西惹，最后都成了输家；反而是慎选最适合自己的少数标的、从一而终的人，能够赚到大财富。

有个股民小林，他始终奉行"一鸟在手，胜过百鸟在林"的观点进行操作，从 2000 ~ 2006 年，每年都有超过 30% 的报酬率。

进入股票市场的时候，他一直问自己下面这些问题：凭什么自己操作股票成绩比别人优秀？自己比别人聪明吗？有更广的人脉或是内线消息吗？资金比别人雄厚吗？比别人更了解所投资的产业和公司吗？还是比别人有更多的好运？问过自己一堆问题后，他有点儿气馁地说，看来这些都不是他的优势。事实上，他最大的优势就是寻找可靠的股票，把它尽可能便宜地买进，或者较便宜地买进，而不像有些投资者那样到处撒网。

财务理论说投资的基本原则是分散风险，但实际上，长期有稳健绩效的投资经理人，却常把资金集中于少数个股。就像上菜市场一样，买一菜篮子股票的投资人，不容易有较佳的绩效，持股超过 10 只以上，那是机构法人该做的事；一般投资人，反而该将精力专心少数个股，才有机会创造好成绩。

巴菲特提醒您

散户投资人要有失才有得。毕竟人的精力和注意力有限，一鸟在手，胜过百鸟在林，了解并呵护投资标的，才能控制出手时机。

集中股力，长线投资

我认为投资者应尽可能少地进行股票交易。一旦选中优秀的公司大笔买入之后，就要长期持有。

——巴菲特

经常交易对投资者没什么好处，只是养肥了证券商而已。

巴菲特在 40 多年的投资中，拥有十几只投资股票使他赚取了大量财富。他认为投资人应该很少交易股票，一旦选中优秀的公司决定买入之后，就要大笔买入并长期持有。

巴菲特曾说过："如果你认为你可以经常进出股市而致富的话，我不愿意和你合伙做生意，但我却希望成为你的股票经纪人。"

巴菲特本身的投资，次数的确是很少的，但一旦投资了，就会是大手笔。从他的所有投资实践中，我们就可以看到。巴菲特堪称是不受市场短期波动起伏影响的具有极好心理状态的典范，他很少在意股票价格的一时波动。

　　他建议每个投资人都给自己一张卡片，上面只允许自己打 12 个小洞，而每次买入一种股票时，就必须打一个洞，打完 12 个，就不能再买股，只能持股。这样会使投资人转变成真正优秀公司的长远投资人。

　　作为一般投资者，需要耐心地持有他们手中的投资组合，不被别人的短线获利所诱惑。

　　有很多股民手上持有的股票品种很多。为什么这些股民与巴菲特集中投资的思想背道而驰呢？这实际上是受他们想利用多种股票分散风险的心理所支配。但买对优秀公司而致大富的机会，已被他们"分散"了，化为乌有了。

　　有一些散户就是喜欢买多种股票，这里尝试一些，那里买入一些，名下股票种类多得不胜枚举，等到最佳企业廉价购入的机会到来时，手上的资金已所剩无几。这就像打猎时，大象一直不出现，使人失去了耐心，就连松鼠、兔子等小动物也照射不误，结果，等到大象出现时，子弹已经所剩无几。

　　事实上，投资组合越分散，股价变动的剧烈性在对账单上的反应就越不明显。对于大多数投资人来说，分散投资的方法的确很安全，因为所有的波动都被分散投资抵消了。但事情的另外一面是，获利曲线相对平坦而乏善可陈。

　　所以分散投资的方法虽然不会引起客户太大的情绪反应，但永远只能获得较为一般的利润。

　　有些人天生好运，特别能克服由股票价格短期波动所造成的心理障碍，但这种特质也可以靠后天学习培养出来。首先就是要调整惯有的投资操作观念和方法。如观念和操作方式一时无法立即调整过来，可以试着在市场行情发生波动时，让自己处变不惊，也不要随意抢着入场投资。只有对投资心理越了解，才越能掌控投资行为。

　　社会学家们已经注意到心理层面对包括投资在内的社会行为的影响，从而发展出一门"行为财务学"，提供了另一种衡量投资成功与否的方式。

例如股票价格下跌让人心碎，但换个角度考虑，这正是重新评估投资组合未来可能表现的最好时机。虽然评估不见得有立竿见影的效果，但对未来投资形势的判断应该是有所帮助的。

具体说来，我们进行集中投资，长期持股可从以下几方面着手：

> 选择 10～15 家未来获利能增长并能延续过去良好表现的绩优股；
>
> 　分配投资资金时，要将大部分资金集中投资于未来获利能够高速增长的企业；
>
> 　只要股票市场不持续恶化，保持投资组合不变至少 5 年，可能的话，越久越好。同时做好充分的心理准备，不被股票价格的短期波动所左右。

但是，值得长期持有的公司必须是优秀的公司，并且只有在这些优秀公司一直保持之前我们看中的状况，我们才应该继续持有它们。

记住，随便买入会使你的盈利不多。因为，这使你在股市偏低和偏高时，都有定期买入的现象。想想看，为什么巴菲特今天手上拿着总值近 400 亿美元的现金而还未投资！

巴菲特提醒您

　我们不要一直手痒而想要这里尝试一些、那里买一点，希望能够靠运气，反而是应该集中精力寻找区区几家非常优秀的公司，那么，我们就能够确保自己不随便投入资金、买入自己不值得投资的公司。

‖ 投 资 课 堂 ‖
不妨试着 "集中投资"

集中投资是获得超额收益的良好途径，分散投资在分散风险的同时也会分散收益。凡是不敢于重仓持有的股票，无外乎对要购买的标的没有胜算的把握，但这并不能作为我们买股票的理由。因为，如果我们对要购买的企业没有把握，哪怕是一股，也不可以买入，正所谓只做最有把握的行情，只买最有把握的股票。

虽然分散投资是限制风险的一个办法，但也有可能分散得过了头，如果交易商在同一时刻把交易资金分散于太多市场的话，那么其中为数不多的几笔盈利，就会被大量的亏损交易冲抵掉。这里头也有个一半对一半的机会问题，因此我们必须找到一个合适的平衡点。有些成功的交易者把他们的资金集中于少数几个市场上，只要这些市场在当时处于趋势良好的状态，那就大功告成了。

永远保持平和的心态

一旦看到市场波动而认为有利可图，投资就变成了投机，没有什么比赌博心态更影响投资的了。

——巴菲特

股市的变化就是人心的变化，认识股市的过程就是认识自己的过程，只有把握住自己的人，才能把握股市。

很多投资人投资股票，一旦套牢或赔钱之后，情绪就几乎到了崩溃的地步。其实心理学家常说："人是感情的动物。"自己辛苦赚来的钱，眼见就这样赔进股市里，谁会舒服？所以大部分的投资人都没有办法像巴菲特那样做到面对股价波动神定自若。

巴菲特告诫投资者，投资必须保持平和的心态。如果心里一直记得那些错误的投资伤心事，不仅无济于事，还可能因此造成往后一连串甚至更严重的投资亏损。

巴菲特最值得称道的是，他始终保持着平和的心态。不论是互联网狂潮到来之际，还是市场环境风平浪静之时，巴菲特从来都不着急，都很从容。这也是巴菲特之所以成为今天的巴菲特的最主要原因。

> 作为一名股民，首先要保持平和的心态，不要被周围环境、股市变化所左右。要有自己的分析和判断，决不可人云亦云，随波逐流，被人套牢。要确信自己是最值得信赖的人。股市的天机是："波动是永恒的真理，把握投资最终靠自己。"

股市原本就是考验人心态的战场。主力大户所以制胜，就是摸准了一般小户缺乏平和的心态，只要用"惯压"与"洗盆"伎俩，就可以使小户自动将手中能生金蛋的鸡，贱价出售。

通常新手投身股市一开好户，总是迫不及待地想买进股票，既不考虑股市是否已处于高风险，也不问股价是否偏高。等股票到手，则一心想股价天天见涨才痛快，若股价偏偏原地踏步，甚至未涨反跌，必然方寸大乱，寝食难安。这样，多会失去耐心，急着卖出，转而追抢那些天天见涨的股票，可是等到手上不争气的牛皮股刚刚脱手，换上行情板上活蹦乱跳、涨势吓人的热门股后，偏偏原来的牛皮股开始威风八面，股价节节上升，而刚到手的热门股则有如中邪，直往下跌，届时，悔之已晚。殊不知天底下没有只涨不跌的股票，也没有只跌不涨的股票，涨过了头，必然回档进行强制性调整，好重新开涨。跌多了，也必然反转回升，重振雄风。

当大户炒作某种股票时，为了顺利吃货，吓走一些想轻松搭桥的小户，最常用的一招就是集中力量，在股价涨跌的节骨眼上倒出部分持股将股价压低，让信心不足的小户流血杀出，自己再以低价承接，然后重新拉抬。就这样来回操作，低进高出，赚得不亦乐乎。明白这一道理，当你下次再碰到手上股票下跌，除非整个大势真正转坏，否则，万不可因为一点风吹草动，或是在股场内听来某些"小道消息"，而吓得马上将手中持股低价抛出，只要保持平和的心态，耐心等待，总有机会解套。

作为股票投资者，不可过分急躁、过分慌张，以免经常高进低出。也不能迟疑畏缩，犹豫不决，当断不断，痛失良机。应沉着冷静，细心分析股市，待投资良机一到，果断地采取行动。其要点为：

1. 股价长期平稳之后，突然出现较大幅度的上涨，此时可以放心买进；若是较大幅度的下跌，就应立即出手手中持股。

2. 股价狂涨后的第一次大幅度回跌，可大胆下手买进；股价大跌后的第一次反弹是卖出的最后时机。

3. 上升趋势中出现暂时的回落要买进，下跌趋势中出现暂时的回升要卖出。

4. 卖出时动作要快，买进时不妨多斟酌。

5. 股市暴跌之后成交量随股价的继续低落而增加，是买进时机，冷门股暴涨为行情暴跌的前兆，是卖出时机。

炒股的太多事实证明，依靠纯粹由心理支持的价格飞涨的市场总是服从金融万有引力定律的。哄抬的价格可以持续多时，但终归会一泻千里，而且这种下跌来得如地震雪崩般突然，狂热的行动越厉害，所得到的后遗症越严重。当你一旦失利，应该痛定思痛，用清醒的理智和聪睿的知识摆脱困境，以忍取胜。

一般来说，"忍"主要表现在两个方面。第一，对自身来说，炒股要给自己留下回旋的余地。也就是说，当你在看好股市前景的时候，不要把资金全部投入，将力量一次用完，在看坏的时候，不要急匆匆地将股票全部卖光。第二，对于股市大势而言，你不要盲目加码追涨，也不要盲目地出货避跌。

从你自己或周围的人的投资中，你会发现每一个投资人用他或她自己的方式失败，但是他们的一个共同点却是对股票市场的浮躁心理状态。错误的思维方式的结果，是他们的每一次操作都缺乏力量和决断。他们彷徨不定，他们渴望确定。如果你找到5个成功者，你将会立刻感到一种完全不同的思维方式在起作用。他们与众不同，在等待下一个交易机会的时候，他们眼神凌厉，决定经过深思熟虑，行动简洁明快。所有的交易（无论是赚或是赔）看上去都是那么轻松、舒适。这些自我奋斗而成功的投资人不是因为赚了钱才有积极平和的心理态度，而是因为他们拥有积极平和的态度才赚到了钱。请牢记这一点。

巴菲特提醒您

良好的投资心态是投资者的重要法宝。

‖ 投 资 课 堂 ‖
炒股常见的错误心态

1. 我必须不亏本才能卖出手中的股票。

2. 我投资的钱一定要有相当比例的回报。

3. 我必须在股价跌到谷底时买进。

4. 我必须在股价上升到最高点时卖出。

5. 我应该在更低价时才买进。

6. 我应该在价钱还高时脱手。

7. 我只买市盈率低的股票。

8. 我只买成长股。

9. 我只买股息高的股票。

10. 股市都由内幕和专家操纵，一般人根本没有机会获利。

11. 绝对不要买经纪人推荐的股票。

12. 经纪人花了许多心血研究股市，他们永远比我懂得多。

13. 我这次买的股票一定要把上次的损失弥补回来。

14. 我不能犯错误，我必须做正确的决策。

15. 赔钱实在是太可怕了！

16. 我犯了错误，我受不了别人的批评。

17. 我打算在股市中迅速获利。

18. 我喜欢股市的新鲜刺激。

19. 如果我投资股票做得太成功，会遭到周围人们的嫉妒。

20. 我的股票不能上涨得太高，否则一定没有好结果。

第三章

学习做巴菲特那样的超级投资家们

从格雷厄姆到巴菲特

我最重要的思想来自于格雷厄姆。

——巴菲特

格雷厄姆：如果股票的价格低于每股的价值，购买股票就有保障。

格雷厄姆是金融分析的鼻祖。这样称呼他是因为"在他之前没有（金融分析）这一职业，在他之后，人们才开始这样称呼"。

格雷厄姆 1894 年 5 月 9 日出生于伦敦。在他还是婴儿的时候，父母移居纽约。格雷厄姆的早期教育是在布鲁克林中学完成的。20 岁时，他拿到了哥伦比亚大学理学学士学位，并被选进美国大学优等生荣誉学会联谊会（该联谊会成员均为男性——编者注）。格雷厄姆的希腊文和拉丁文都很流利，对数学和哲学也都很感兴趣。

尽管格雷厄姆并没有商业背景，但他大学一毕业就进入了华尔街。起初在纽伯格—亨德森—劳伯经纪行做信息员，主要负责把债券和股票价格贴在黑板上，周薪 12 美金。后来，他升职为研究报告撰写人，之后不久，又荣升为经纪行的合伙人。到 1919 年格雷厄姆 25 岁时，年薪已高达 60 万美元。

1926 年，格雷厄姆和杰瑞姆·纽曼合伙开了一家投资公司，这就是 30 年后雇用巴菲特的那家公司。直到 1956 年解散为止，格雷厄姆—纽曼公司熬过了 1929 年的股市崩盘，熬过了大萧条、第二次世界大战和朝鲜战争等艰难岁月。

从 1928 年到 1956 年，格雷厄姆除了在公司中任职，还在哥伦比亚大学的夜校教授金融课程。没有人知道在 1929 年股市崩盘时，他第二次遭遇了破产，第一次是父亲去世后，他身无分文地离开家庭。格雷厄姆决意重建自己的财富。在哥伦比亚大学这个学术天堂中，格雷厄姆得以反省和重新评判一切。在戴维·多德和哥伦比亚大学一位教授的劝说下，两人花 4 年时间合作写了古典投资学上的经典著作《证券分析》。

这本书 1934 年首版的时候，路易斯·瑞在《纽约时代》杂志上这样写道："这是一部基础雄厚、成熟而又谨慎的著作，是理论探索与实践经验的完美结合。如果说这部书带来了什么影响的话，那是由于它使投资者们的思想立足于证券而不是立足于市场所引起的。"

《证券分析》的精要之处在于：一个基于理性评估、精心选择、投向分散的普通股组合即是一个正确的投资组合。格雷厄姆在书中帮助投资者循序渐进地理解他的投资理念及方法。在他之前，有些人把购买股票称为投机，而把购买债券称为投资。也有人认为购买安全性较高的证券是投资，而购买股价低于净现值的股票行为是投机。格雷厄姆认为，意图比外在表现更能确定购买证券是投资还是投机。借钱去买证券并希望快速挣钱的决策不管他买的是债券还是股票都是投机。格雷厄姆提出了自己的定义："投资是一种通过认真分析，有指望保本并能有一个满意收益的行为，不满足这些条件的行为就叫投机。"格雷厄姆主张分散投资以降低风险。他把"仔细分析"解释为"基于成熟的原则和正确的逻辑，对所得事实仔细研究并试图做出结论"。

> 格雷厄姆认为，真正的投资是在审慎分析的基础上进行的，既能保证本金的安全性，又能有令人满意的回报。缺少任何一项都不是投资，而是投机。

对于一个被视为投资的证券来说，其本金必须有某种程度的安全性，并有满意的回报率。所谓安全并非是说绝对的安全，而是指在合理的条件下投资应不至于亏本。格雷厄姆不认为一个非常反常或不可能的事件会使一个安全的债券拖欠。而满意的回报不仅包括股息或利息收入而且包括价格增值。格雷厄姆特别提到"满意"是一个主观性的词，投资回报可以是任何数量，不管有多少，只要投资者做得明智，并在投资的界限内。格雷厄姆认为，一个运用正确的逻辑进行金融分析，并遵循本金安全和合理回报率的原则的人即是一个投资者而不是投机者。

格雷厄姆一生都被投资和投机问题所困扰。要不是 1929 年到 1932 年期间，道·琼斯债券平均指数从 97.70 点跌到了 65.78 点，债券再也不会被人理所当然地认为是投资，格雷厄姆关于投资的定义很可能会被人忽略。债券损失了相当大的价值，许多持有债券的人破产了。人们迫切需要一种能把股票和债券的投资特性与投机特性区别开来的机制。

1937～1938 年的熊市后不久，格雷厄姆应邀出席一次由道纳德森、路弗金以及詹瑞特召开的资金经理人会议。会上，格雷厄姆对自己的同行们所说的事情让人感到震惊。"我无法理解，这些机构资金经理人怎么会退化到如此地步，竟然从正确的投资变成了争相在最短的时间内获取最大的回报。"

区分了投资与投机之后，格雷厄姆的第二个贡献是提出了解决如何购买普通股票才符合投资意义的方法论。在《证券分析》一书出版之前，几乎没人利用数量方法来选择股票。1929 年之前，上市公司都是铁路行业的公司，工业和家电公司只占股票种类的很少一部分。至于有钱的投机家最青睐的银行和保险公司，都还没有上市。那些确有投资价值的股票大多数是铁路股票，都以接近其票面价值的价格交易。这些公司以实际资本值为支撑。

格雷厄姆指出了3种导致股市暴跌的力量。第一，交易经纪行和投资机构对股票的操纵。第二，银行贷款购买股票的政策。由于贷款是由股票市价来支撑的，当股市暴跌时，一切就坍塌了。《证券法》颁布后，保护了个人投资者不受经纪人欺诈，靠保证金买证券的做法也比20年代大大减少了。但有一种因素是立法难以控制的，这就是格雷厄姆认为应对股市暴跌负责的第3种力量——过度乐观。

格雷厄姆指出，经济繁荣会导致股票市场进入牛市状态，股票发行量和交易量会急剧上升，这会使投资者盲目乐观，但这种乐观会导致疯狂，而疯狂的一个主要特征是它不能记住教训。

格雷厄姆进一步指出，如果投资者对某公司的未来增长持乐观态度，并进一步考虑将该公司股票添加到投资组合中去。那么有两种买入技巧：一种是在整个股票市场低迷时买入；另一种是在整个股票市场并不低迷，但该公司股票市价低于其内在价值时买入。格雷厄姆认为，这两种购买技巧都有一种体现于股票价格上的"安全边际"。

如果一种股票的市价低于其内在价值，那么该种股票的边际安全性就自动存在。

格雷厄姆认为边际安全在3个领域可以得到成功运用。第一，它对稳定的证券，比如债券和优先股都很有用；第二，它适用于比较分析；第三，如果公司价格和内在价值间的差距非常大，边际安全的概念就可以被用来选择股票。

格雷厄姆认为，以不超过净资产价值2/3的价格购买股票或购买市盈率低的股票的方法可以经常应用。格雷厄姆认为这是一种简单易行的投资方法。他还解释说，这种结果是以一组股票（多样化）为基础得出的，而不是建立在单个股票结果的基础上。符合这些要求的股票在股市处于熊市底端时很常见，而在牛市中则极为少见。

收益率至今是信用评级为 AAA 债券的 2 倍。

股价利润比例是以往 5 年最高数字的 40%。

股息至少是 AAA 债券利息的 2/3。

股价不应超过账面价值的 2/3，最好是净流动资产的 2/3。

贷款不应超过账面净资产。

流动资产应 2 倍以上于流动负债。

所有债务应不超过流动资产的 2 倍。

过去 10 年的利润增长率至少为年均 7%。

巴菲特提醒您

格雷厄姆的安全边际原则既能保证本金的安全性，又能有令人满意的回报。

‖ 投 资 课 堂 ‖
巴菲特早期对格雷厄姆的追随

巴菲特早期完全模仿和实践格雷厄姆的价值投资策略。1956 年格雷厄姆—纽曼公司解散后，巴菲特回到了他的家乡奥马哈，于 5 月 1 日创立了合伙人企业巴菲特投资有限公司，投入了 100 美元，开始了自己独立的投资事业。正是这 100 美元，开始了他成为 400 多亿美元世界第二富翁的辉煌之路。

在运作合伙人公司期间，他对格雷厄姆投资策略进行了完全的实践。巴菲特写给公司合伙人的信中称他毫不惭愧地模仿他的导师格雷厄姆，实际上整个合伙人公司的经营完全模仿自巴菲特工作过的格雷厄姆—纽曼公司。

查理·芒格理论

> 查理拥有世界上最好的在 30 秒内做出反应的大脑，他一步就能从 A ～ Z，甚至于你还没有把话说完，他已经洞悉了事物的本质。
>
> ——巴菲特

查理·芒格：寻找那些用很少的资金支出获得大量现金收入的公司。

查理·芒格是伯克希尔公司的副董事长和第二大股东，巴菲特称其为"长期的挚友与合作伙伴"。芒格从某种意义上说是费舍投资理论的化身，他特别喜爱经营良好、价格合理的优秀公司的股票。

在芒格加入伯克希尔公司之后，正是他的影响使巴菲特从格雷厄姆买便宜货的投资策略局限中走出来，吸收费舍的优秀公司成长股的投资策略，将二者进行完美的融合，形成了自己最成功的投资策略：基于持续竞争优势的长期投资策略。大体上，伯克希尔早期的成功可归功于收购蓝筹印花、喜诗糖果及加州其他企业，而这些大都是芒格先于巴菲特发掘的。

芒格认同格雷厄姆最基本的教诲，这些教诲自始至终都是芒格和巴菲特成功模式的一部分，他说："对私人股东和股票投资人而言，依据内在价值而非价格因素来买卖股票的价值投资基本理念，永不过时。"然而，芒格并不像巴菲特那样对格雷厄姆有特别的情感与崇敬，格雷厄姆的有些观点根本无法打动他，芒格表示："我认为其中很多想法简直是疯狂，忽略了相关事实，特别是他有一些盲点，对于有些实际上值得以溢价买进的企业的评价过低。"

随着芒格和巴菲特的相互了解和大量合作，芒格逐步接替了日渐衰老的格雷厄姆，成为巴菲特的知己兼顾问。《财富》杂志的编辑兼作家卡罗·路易斯解释说，巴菲特仍然非常尊崇格雷厄姆的理念，与此同时，芒格帮助他开拓投资思维，使他又向前迈进了一大步。

芒格说服了巴菲特，为收购喜诗糖果公司支付 3 倍于其账面价值的价格。事实证明，这确实是一个好交易。这是巴菲特思想板块构造转移的起点，他愉快地承认，正是芒格把他推向了一个新的方向。当然，两人都飞快地承认说，如果你能找到一家高质量的公司，而这家公司碰巧又能以低于账面的价值购得，那么你就是掘到了金子。

为一家好公司支付公平的价格远胜于为一家还可以的公司支付高昂的价格。

与巴菲特一样，芒格采用的是集中投资的策略。他一直将自己的注意力集中在为数不多的能带来较高收益率的股票上面。此外，他一直十分推崇格雷厄姆的选股策略。他看重企业的内在价值，认为只有当市场价格远远低于内在价值时，才是最佳的买入时机。

事实上，虽然巴菲特与芒格在许多方面存在着差异，但他们在基本的投资策略方面却是极为相似的。他们都信奉格雷厄姆的投资策略，只购买那些安全系数高的股票。对他们来说，规避风险的办法绝不是通过那些令人眼花缭乱的投资组合，而是选择那些企业的价值被市场低估的股票。

巴菲特与芒格有相似之处，也有不同之处，难能可贵的是，他们都能够求同存异，原因之一在于两人对常识性的商业理念都持强硬态度。两个人都表现出经营高质量公司所必须具备的管理品质。巴菲特在一段时期宁愿忍受保险行业的低回报，也绝不签保单；芒格在做韦斯考公司的 CEO，面临违规的存贷款企业时，他拒绝贷款。

这也可能是两人能够长期保持密切关系的重要原因吧！巴菲特曾说过，他受到过查理·芒格极大的影响。

作为普通投资者，你可能缺乏更为专业的知识，或是对投资一知半解，不过，查理·芒格为我们树立了一个绝佳的榜样。在投资这个领域里，学历和专业并不重要，最重要的是你的头脑。正如他所说的那样："我相信一定要掌握别人悟出的道理中最为精彩的部分，我不相信仅靠自己坐下来，就能梦想出一切观点，没有人是那么聪明的。"

巴菲特提醒您

在生活中，如果你正确地选择了你的英雄，你就是幸运的，没有什么能比得上正确地选择自己的英雄更为重要的了。所以，有可能的话，尽你所能地挑选出几个英雄。

‖ 投 资 课 堂 ‖
查理·芒格经典语录

以下是查理·芒格的一些智慧语录，希望投资者能从中得到一些启示。

1. 所谓投资这种游戏就是比别人更好地对未来做出预测。你怎样才能够比别人做出更好的预测呢？一种方法是把你的种种尝试限制在自己能力许可的那些个领域当中。如果你花费力气想要预测未来的每一件事情，那你尝试去做的事情就太多了。你将会因为缺乏限制而走向失败。

2．生活就是一连串的"机会成本"，你要与你能较容易找到的最好的人结婚，投资与此何其相似啊！

3．一个素质良好的企业和一个苟延残喘的企业之间的区别就在于，好企业一个接一个轻松地做出决定，而糟糕的企业则不断地需要做出痛苦的抉择。

4．人们低估了那些简单大道理的重要性。我认为，在某种意义上说，伯克希尔是一个教导性的企业，它教会人一种正确的思维体系。最关键的课程是，一些大的道理真的在起作用。我想我们的这种渗透已经起到了非常好的作用——因为它们是如此简单。

5．不要同一头猪摔跤，因为这样你会把全身弄脏，而对方却乐此不疲。

6．如果你的思维完全依赖于他人，只要一超出你自己的领域，就求助专家建议，那么你将遭受很多灾难。

杰出导师费舍

我是85％的格雷厄姆和15％的费舍的结合。

——巴菲特

费舍：投资的成功依赖于找到杰出的公司。

费舍从斯坦福商业管理学院毕业后，就在旧金山的安格鲁伦敦—巴黎国民银行找到了一个分析员的工作。在不到两年的时间里，他就成为银行统计部门的负责人。就在这一职位上，他见证了1929年股市的崩溃。之后，他曾一度做过经纪人但无所建树。他决定开办自己的投资顾问公司。1931年3月1日，费舍的公司开始营业。

20世纪30年代初期，正值股市和经济大萧条之际，在这个时候开设投资顾问公司似乎不太明智。然而，费舍惊奇地发现他具有两个有利条件。第一，在股市猛跌后还有钱的投资者，可能对他现在的经纪人不满意；第二，大萧条中，商人大都有足够的时间坐下来和费舍交谈。

在斯坦福念书的时候，有一门商业课要求学生和教授定期去访问旧金山地区的公司。教授和公司经理们进行一系列有关他们公司的讨论。在开车回斯坦福的途中，费舍和他的教授就他们所访问的公司和经理们谈个没完。费舍回忆说："每周的这个时间都进行这种训练。"

从这些经历中，费舍逐渐相信，用下列办法可以获得超额利润：

第一，向那些收入潜力高于平均值的公司投资。第二，投资那些管理能力极强的公司。为了分辨出这类公司，费舍设计了一套点子系统，这套系统能根据公司业务和管理特点区分公司。

大多数投资者不愿意花费时间和精力去了解一家公司，而费舍却认为这是必需的。费舍认为，减少持股公司的数量比水桶式的撒网更好，既减少工作量，又省精力。他总是说，他宁可持有几家杰出公司的股票，也不愿意持有一大堆成绩平平的公司的股票。一般来说，他的投资组合包括不到 10 家公司，其中的 3 ~ 4 家占了他整个证券组合总额的 75%。

实际上，持有几家杰出公司的股票胜过持有一大堆成绩平平的公司的股票。这样做会减少你作调查的时间，当然，除此之外，还有其他好处。

费舍认为，投资者要想成功，只需要做好几件事。其中一件就是只投资你能力范围之内的公司。费舍说，他早期的错误就在于把自己的技巧估计得过高，超过了自己经历所允许的范围，向完全不同的行业投资，这些行业不属于自己能彻底了解的领域，而是处于没有相对背景知识的领域。

还有，所投资的公司必须拥有"足够的产品或服务市场潜力，以在至少几年内保持适度增长"。费舍并不是非常关注公司的销售额是否会持续增长。他判断公司是否成功是根据公司几年的情况进行的。他注意到，公司在商业周期中的变化会导致销售和收入上的变化。但是，他认为，有两种类型的公司在未来几十年中，都会保持高于平均水平的增长，这两种公司是：那些"幸运且能干的"公司、那些"能干所以幸运的"公司。

> 事实上，投资的成功依赖于找到某些公司，这些公司在至少六七年的时间里，在销售和利润方面都能保持高于平均的增长水平。短期的效果具有欺骗性，不能说明问题。

投资者要正确分析一家公司，要对这个公司的会计账目有所了解。可分3个步骤进行：

1. 从现有企业资料中对企业进行初步了解，包括年度和中期报表，最新的招股说明书、代理人材料以及报送证券交易委员会的补充数据。通过这些材料，以了解公司有多少钱投资在研究和发展项目上，这些项目对于公司来说意味着什么，管理者的背景和薪金水准，以及边际利润的走势。

2. 从商业信息中得到其他信息。小道消息有时候也是极为有用的，投资者不应当轻易略去任何关于所要投资的企业的消息，有时候，从非专业的投资者那里，你可能会得到一些极为重要的消息。你可以从公司以外的其他来源收集到比一个公司实际情况更多的信息。另外，你还需对即将去会见的公司领导事先作一个评估，这样将有助于你更客观地了解对方的性格。

3. 去公司拜访管理者。费舍认为，投资者通过拜访管理者，至少能得到3个方面的信息：公司确定的商业策略、这些策略是否执行到位、管理者自身的素质。

一般说来，拜访管理者决不会让你一无所获，对那些老练而能干的人而言，拜访管理者的举动一定会让他们对管理者有一个真实的印象。你可以借此来判断管理者的品质与能力，诸如他们是否诚实，是否真有能力，是否将自己的全部才干奉献给了企业，以及他们能否在形势发生变化时，为坚持既定方针或撤销计划而做出艰难的决定。

费舍的投资理念中，还有一个重要的思想，那就是要做长线投资。

投资者要想在股市上赚大钱，就必须选择一个优秀的企业，然后将股票一直持有，直到这个企业发展壮大。最终你的股份的价值将会远远超过你开始买进时的价格，市场价也会达到能反映出真实价值的高点。当然，投资者如果要想依此方法获利，就必须选择那些有真实潜力的股票，而不是看到上涨的股票就买。

短期投资可能是投资人常犯下的错误之一。投资一家杰出企业的股票并长期持有它，就能使你赚大钱。

此外，在投资市场这样一个极为复杂的环境里，所有人都应该擦亮眼睛，不要被表面现象所迷惑。因为在股票市场上，人们的情绪与看法很容易互相传染，他们热衷于互通消息，制造认同感，并认为拥有相同看法的人越多，这种看法就越是正确。

巴菲特提醒您

在股市上，所有投资者都应擦亮眼睛，不要理会别人的评价和报道，做一个聪明的投资者。

‖ **投 资 课 堂** ‖
费舍：买卖股票的最佳时期

费舍曾为我们提供了一些非常有用的投资建议。他认为，下列情况是买进股票的最佳时期：

1. 一个企业的经济增长点启动之初，如某个企业兴建一个主要工厂之初，此时股价最低，以后会逐步走高。

2. 有关企业的不利消息出笼，一般会使股价下降到一个低点。

3. 企业或行业发展发生质变，为某种重大改革导致大幅度下降之初，都应买进股票。

卖出股票的最佳时机是：

1. 当你发现买进股票之前的评估工作有错误。

2. 该公司经营状况不再符合要求。

3. 发现另一只更好的股票。

第二部分
找准投资目标
——选择超级明星企业

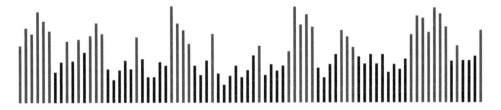

　　投资者不应该只盯住股票价格不放，而应该用企业家的眼光和所有者的心态去关注被投资的公司，看准投资目标的真实面目，判断它有无发展潜力和盈利能力，从而决定是否投资。不管市场多么复杂多变，你都要把握好选择投资目标这一关键。

　　选择股票是取得成功的第一步，也是最为重要的一步。选择股票要有战略眼光，这第一步迈不开，投资成功就无从谈起。

第一章

如何识别超级明星企业

抓准具有发展潜力的公司

发现一家好公司与赚钱之间有很大的差别。

——巴菲特

投资成绩是由未来公司的发展潜力决定的。

投资成绩是由未来公司发展的潜力决定的，所以巴菲特认为，行业的性质比管理人的素质更重要。毕竟，人心莫测，管理人可以"变质"，但整体行业情形一般不会那么容易变化。巴菲特成功的奥秘在于会把钱投在最有效率的公司身上。

在投资行业的选择上，巴菲特往往也选择一些资源垄断性行业进行投资。从巴菲特的投资构成来看，道路、桥梁、煤炭、电力等资源垄断性企业占了相当大的份额，所以发展潜力很大。如巴菲特2004年上半年大量买进中石化股票就是这种投资战略的充分体现。

巴菲特曾说过，从第一家民航公司算起，几十年来，整个民航事业是没有半点收益的。自从巴菲特1980年投资美国主要民航公司之一的 US Air 没取得盈利之后，柏克希尔的投资标准是，就算是没有亏掉本钱，只要是没有获得可观的利润，也是一种失败。他开玩笑说，他设立了一个类似美国戒烟者和戒酒者每次忍不住犯瘾时就可以打进去咨询的电话号码，以便每次他突然想要投资民航公司时，可以打进去寻求咨询。

巴菲特对竞争激烈却盈利较低的零售业与市场垄断却盈利很高的电视行业进行了对比："零售业是竞争激烈的行业。许多零售商曾经一度拥有令人吃惊的成长率和股东权益报酬率，但是到后来突然间业绩急速下滑宣告破产。相对于制造业和服务业，这种流星现象在零售业是屡见不鲜的。"原因是这些零售商必须时时保持比同行更加聪明。但不管你如何聪明，你的竞争对手随时准备复制你的做法，然后超越你。同时一群新加入的零售商又在用各种手段引诱着你的客户，一旦零售业绩下滑，就必定会走向失败。

如果你很早以前买下了一家地方电视台，你甚至可以让从不懂管理的人来经营，它也会是持续几十年的事业，你只需幕后指挥就可以获利。如果是职业经理来替你管理，你只要毫不干涉就可以得到高额回报。但零售业只要用人不当，就等于自毁前途。如果叫别人去管理超级市场，等于是让企业快速自杀。

巴菲特所投资的公司，都是对准消费者市场的。有的是名牌产品公司，如可口可乐，有的是行销行业，如百货、珠宝、家具、保险等。

比如全球最著名的吉利刮胡刀公司，巴菲特认为消费者每十多天才需要换一次一两元的刀片，不可能会为了节省这一点点钱而将脸颊拿去冒险尝试其他牌子的刮胡刀。

对于那些想要让小孩看电影的父母而言，他们不可能先亲自花费几十个小时的时间去观赏多部电影，然后才挑选出其中几部让孩子看的。现代人通常没有这个时间。迪士尼电影马上成了家长所信赖的品牌。

巴菲特对消费者的观察得出的结论是，可口可乐的市场将会越来越大，不但营业额增加，市场占有率也会上升。这是因为喝可口可乐时具有的品牌优势。这是全球知名度最高的牌子，也是全球各地消费者最认同的商业品牌。

巴菲特也发现，美国在商业国际化方面占了难以解释的优势。比如快餐（麦当劳）和饮料（可口可乐）市场，我们的确很难想象一家日本、法国或德国公司，能够占有全球一半的市场。

有些产品轻易地就能够流行全世界，但有些却做不到。比如糖果，在美国、英国和日本3个市场里，占有率第一的都是不同的品牌。

投资股票，其实就是投资股票的未来。

对于一家上市公司而言，过去的辉煌业绩和今日的妥善经营，虽是好事，但它们都已反映在今日的股价上了。因此，对于投资人而言，能够为我们赚钱的，是未来的成绩。所以，我们在识别企业时，应抓准公司发展的潜力。公司的发展潜力预示着公司未来的表现。巴菲特也曾说过，真正决定投资成败的，是公司未来的表现。

试想，如果投资成败取决于过去和今日，那任何人都能投资致富，根本就不需要很强的分析能力，因为过去和今日的业绩都是公开消息，人人都知道的。

对于投资者来说，在寻找目标时，选择那些具有发展潜力的公司，无疑是为自己的投资上了一份保险。

巴菲特提醒您

抓准具有发展潜力的公司很重要。如果公司缺乏良好的前景，投资这种公司是要失败的。只有选择那些具有较好潜力的公司，才能获得较高的收益。

看重企业的经济特许权

经济特许权是企业持续取得超额利润的关键。

——巴菲特

与没有经济特许权的企业相比，拥有经济特许权的企业被淘汰的可能性要小得多。长期的盈利预测也比较容易做出。

巴菲特认为，一个出色的企业应该具有其他竞争者所不具有的某种特质，即"经济特许权"。那些具有经济特许权的企业在市场上有着一种特别的能力，其他企业不能挤进这一领域与你竞争，更不可能与你展开价格战，分享你的利润。巴菲特曾经将企业的经济特许权价值描述为一条环绕企业城堡的护城河。这些特权给企业加装了一道安全防护网，使其在多变的商业世界里多了一些保障。

不过事实上，在现代社会，许多国家都制定了《反不正当竞争法》或《反垄断法》，政府通过立法的形势来保护自由竞争，所以特许权较几十年前更难建立。竞争是一把双刃剑，它一方面极大地促进了经济的发展与繁荣，另一方面也损害了经济的发展。如美国的钢铁业，由于竞争加剧，整个行业的收益率也大大减少，再扣除通货膨胀的因素，那么这个行业的收益甚至低于他们自己的债券收益，这阻止了这个行业的发展。事实上，由于过度竞争及劳动力成本过高导致的企业利润减少的问题不单单存在于美国的钢铁业，其他行业也面临着同样的难题。由于企业盈利太少，以至于这些企业不能吸引投资来生产社会需要的商品，提供社会所需要的服务。基于这种现状，巴菲特认为，这类企业由于其自身所面临的问题，其后继的发展将会困难重重，投资者选择这样的企业是不明智的。

巴菲特一直认为，值得投资的企业应当拥有某种正当的经济特许权。

一项经济特许权的形成，来自于具有以下特征的一种产品或服务：

1. 它是顾客需要或者希望得到的。

2. 被顾客认定为找不到很类似的替代品。

3. 不受价格上的管制。

以上 3 个特点的存在，将会体现为一个公司能够对所提供的产品或服务进行主动提价，从而赚取更高的资本报酬率。

> 具有经济特许权是出色企业的特点，因为与没有经济特许权的企业相比，它今后 20 年的情况更容易预测。

从踏入投资行业开始，巴菲特便对这种具有特许权的公司有着极为浓厚的兴趣。在他看来，在普通企业遭遇危机的时刻，那些特许企业虽然也可能受到影响，但它们的经济特许权的地位却是不可动摇的。而且在这样的时刻，股价一般都会下跌，而这正是买入的大好时机。

就像可口可乐公司，它拥有全世界所有公司中价值最高的经济特许权。"如果你给我 1000 亿美元用以交换可口可乐这种饮料在世界上的特许权，我会把钱还给你，并对你说：'这可不能。'"

对企业所有者来说，经济特许权意味着很难遇到竞争。虽然可口可乐比一般饮料贵，但喜欢可口可乐的人不会在乎。你无法通过降价与可口可乐竞争，这也是经济特许权存在的一个表现。人们很难与易趣竞争，因为它拥有世界上最大的网上拍卖市场。人们之所以很难与吉列竞争，因为它拥有大量忠实的客户。迪士尼、箭牌糖果公司也是如此。

拥有特许权的企业更加引人注目的一点在于，它们能够与通货膨胀保持同步。换言之，成本上涨时，它们能够提价。即使可口可乐、吉列剃须刀或者星巴克大杯咖啡今天的价格比昨天要贵，人们也仍然会购买这些商品。

经济特许权并不限于热爱一种产品。虽然许多人对微软公司不满，却依旧使用视窗软件，因为大量软件需要依赖它来运行，一定程度上可以说是被迫使用。

像 Linux 这样一个竞争对手，虽然能够免费赠送其操作系统，却仍没有对微软的市场造成很大威胁。从一种操作系统转向另外一种可能会十分痛苦，以致令人望而却步。虽然人们也许不满于附近的沃尔玛超市给邻居的百货店带来的打击，却仍然在沃尔玛购买小百货，因为那里的小百货便宜得让他们无法拒绝。沃尔玛因此具有价格特许权。

实际上，拥有经济特许权就获得了某种持久的保护，从而可以免遭竞争对手的伤害。这不是传统意义上的"垄断"，而是指在某一行业中数一数二的公司。

投资者在选择投资目标时，之所以要看重企业的经济特许权，是因为拥有经济特许权的企业，其前途可以比较准确地预测。与必须同低价产品竞争的企业相比，拥有经济特许权的企业生存与成长的能力要强得多。

巴菲特提醒您

> 如果你理解了所谓经济特许权类型的企业，你便不难从众多的股票中把它们找出来。如果你恰好以一个合适的价格买进，并长期持有的话，那你的投资几乎是零风险。

‖ 投 资 课 堂 ‖
关于经济特许权

许多投资者所犯的错误是以为企业股票的价格及其涨落取决于其与竞争对手竞争的情况。用简单的话说，就是取决于它的经济特许权。但请记住，我们买的不是股票，而是企业。作为企业买主，我们必须认识到有许多力量影响着股票价格——这些力量往往与企业的素质及其经济特许权有关。

对于某一企业，你不需要识别出若干特许权，才考虑其是有潜力的投资。但你可能会发现，越是品牌的企业拥有的特许权越多。例如，可口可乐公司和微软公司都有品牌特许权，同时又显示出拥有其他特许权的特征。

解读公司重要的财务分析指标

对一家公司经营管理获利状况的评估衡量，最为重要的指标是看已经投入的股权资本的收益状况，而不是看它的每股税后盈余。

——巴菲特

公司的财务报表是最能够反映公司经济状况的资料。

所有的投资人都知道，公司的财务报表是最能够反映公司经营状况的资料，除非公司管理人员故意欺诈投资者，否则通过公司财务报表了解公司的经营业绩和经营状况十分有益。

巴菲特总会长时间地翻看和跟踪投资对象的财务报表和有关资料，以便了解上市公司的经营情况。对于一些复杂的难以弄明白的公司，他总是避而远之。

那么，我们需要解读公司哪些重要的财务分析指标呢？具体说来，包括以下几方面。

一、关注利润率和库存周转率

作为刚踏入股市的投资者，你可能对"利润率"和"库存周转率"感到很陌生。现在，我们以十分浅显的说法来对它进行解释。

一个公司和企业是如何赚钱的呢？简单说来有两种途径：一是

提高利润率；另一种途径是尽可能提高库存周转率。这两种途径如果能够在公司的实际运转中结合起来，则会使公司或企业如虎添翼，大发其财。如果有一种途径得到实现，也能够使公司立于不败之地，获取很好的收益。

一个公司的利润和库存周转率高，说明这个公司在市场上的获利水准和获利能力很强，这是一个优质公司必须具备的条件。在股票投资中，我们可以通过考察利润率和库存周转率来选择优秀的公司。

同时，一个公司的高利润率和库存周转率常常表明该公司在市场上的重要地位。假如一个公司能够根据自己的需要提高自己的利润率，也就是说，能够自己做主为自己的产品定价，来提高自己的利润率，说明这个公司在市场上居于垄断地位，具有消费垄断优势。它相信即便自己提高产品价格，也不会吓跑消费者。同样的道理，如果一个公司的库存周转率很高，说明其产品在市场上很受欢迎，市场占有率很大。消费者总是选择该公司的产品进行消费，久而久之，该公司就会形成消费垄断，从而使它在市场上具有垄断优势。这类具有垄断优势的公司能够维持高额利润，从而为投资者带来丰厚的收益。

二、关注投入资本回报率

投入资本回报率就是每年投入现金所赚取的回报率，是指投入企业的现金所获得的报酬百分比。它衡量了企业经营资金的有效利用程度，因此它也显示出企业利用经营资金的有效程度。

例如，如果你的孩子们出200元建立了一个卖矿泉水的小生意，他们的"投入资本"就是200元。一周后，孩子们带回家300元。他们花钱采购了供应品，支付了薪水，制作了小广告传单。在减去这些开销的200元之后，他们的利润是100元。他们的投入资本回报率就是利润除以投入资本。只用了一周时间就获得了令人惊叹的回报率。相比之下，如果把这200元存入银行，每年利率为2%，那么一周之内他们的投资增长就会低于10分。我们来看一看：100元和10分，哪一个较好？

如果一个企业没有健全的投入资本回报率，那么就应该放弃。

在关注投入资本回报率时，我们需要关注 3 个数字：1. 近 10 年的平均数 ；2. 近 5 年的平均数；3. 近 1 年的平均数。有了这 3 个数字，你就能更好地了解该企业目前的状况。

三、关注权益资本收益率

投资者一般很重视公司年度报表中的上年度每股税后盈余，以此来评价公司的经营业绩。巴菲特则认为年度报表中的每股税后盈余可能是个烟幕弹，使投资者上当受骗，将劣质公司误当作优质公司来看待。因为在制作年度报表时，大多数公司或企业都保留了上年度的盈余用来增加股权资本。

假如一家公司在每股收益增长 10% 的同时，将股权资本同时增加 10%，则每股盈余的增长就没有任何意义。

巴菲特更愿意用"权益资本收益率"——净利润与股东权益的比例来评价一家公司的经营业绩。巴菲特将所有资本性的收入和损失以及其他会增减利润的特殊事件全部排除在外，集中考察公司的经营利润。他特别关注的是，公司管理者利用现有的资本，通过经营究竟获得了多少利润，也就是说，利用已经投入的资本获得了多少利润。这是评价公司管理者获利能力的最好指标。

四、关注公司的经营成本

公司的经营成本，常常包括原材料价格成本、管理成本、销售环节的支出（广告、运输流通等等）、税收等。考虑经营成本的时候，关注公司生产的原料价格、制造过程的开销、管理运作的花费、税收政策所确定的税收比例是十分必要的。一个公司生产的产品原材料价格较低，产品的价格却较为可观，则具有明显的获利能力。公司的管理者讲究效率，高效运作，就会降低管理成本，使得行政管理的开销降低到最低限度，增加公司利润。另一方面，管理人员廉洁奉公，也会降低管理成本。现在社会中诸多公司破产倒闭，常常起源于管理者贪婪和虚与委蛇、不务实。

所以，管理者如果作风务实，讲究效率，就会千方百计降低管理成本，管理成本降低了，也会提高公司利润。至于销售环节的成本则取决于公司所采取的销售手段是否高效、经济。如果公司具有节省、高效的销售方式，加上一批高效率的销售人员，则可能大大降低销售环节的成本，从而提高利润率。至于税收的高低，则取决于国家的税收政策。在挑选公司的时候不妨注意那些具有"特许经营权"的优质公司，这类公司经营的产品常常是关乎国计民生的重要产品，在社会生活中不可缺少，它们常常享有垄断优势和优惠的政策。这类公司不但能够在经济不景气的情况下保持较高的利润，还能够保证长期盈利，带给投资人丰厚的利润。

一个公司的管理成本居高不下，则能够说明很多问题：公司管理人员的管理效能低下，这会给公司带来致命的打击，会给投资者的利益造成损害。这类公司最好避而远之。

公司的行销成本高，则说明公司销售不力，会降低公司的库存周转率，从而影响到利润。公司营运成本中的任何一项很高，都会影响到利润率，损害投资人的利益。所以，考察一个公司的财务报表，注意其经营成本，是了解公司是否具有高利润率的重要途径。

虽然解读公司的财务分析指标有些困难，但你还是得到了一些很有价值的东西。你现在已经知道足够的财务知识，以及如何更有意义地分析一家公司。你可以花费更多的时间研究财务分析指标隐蔽的问题和缺陷，这也相当重要。

巴菲特提醒您

股票市场上每个人对未来的希望、担心、恐惧等，很大程度上将反映在股票的价格和交易量上。股票交易是人的交易，买卖或供需双方都在为自身的利益采取一系列措施。多从一些非常规现象背后去挖掘，通常会大有收获。

‖ 投 资 课 堂 ‖
财务报表讲解

资产负债表能告诉你一家公司拥有多少资产、多少负债，二者之间的差值就是股东投入公司的资金价值。股东在公司里的权益就是公司的资产减去负债。因为资产负债表在任何时候都必须是平衡的，任何资产或负债的变化都会引起权益的相应变化，因此，如果一家公司产生巨额利润就必然导致资产的增长，所有者权益也会相应增长。

当你评估一家公司的负债时，记住债务是一项固定的费用。太多长期负债会提升一家公司的风险，因为不管公司的经营状况怎样，利息都是必须支付的。

现金流量表是一家公司创造价值的真正试金石，因为它反映的是一家公司在一个会计年度里发生了多少现金流量，以及这些现金是由哪些部分组成的，因此首先要看现金流量表。当你分析一家公司的时候，要确认你弄清楚了 1 美元的现金在这家公司里是怎样流转的。如果你不这样做，你也许根本没有弄明白这家公司，因此不能轻率地购买它的股票。

选择利润丰厚、财务稳健的公司

至于历史较悠久和规模较大的公司，真正能够让你投资赚大钱的公司，大部分都有相对较高的利润率，通常它们在业内有着最高的利润率。

——巴菲特

高利润、低成本、质地优良的公司，常常具有较强的获利能力，投资者也能赢得丰厚的利润。

巴菲特寻找的是具有丰厚的利润并且利润呈上升趋势的公司。

他感兴趣的企业应该是不仅其产品具有消费垄断的优势，而且公司管理人员还善于利用这一优势来提高公司的实际价值，为公司和股东创造更丰厚的利润。

巴菲特在考察和选择公司或企业的时候，喜欢财务政策保守的公司。一般情况下，一个具有消费垄断的公司会有相当丰厚的现金，而不会有很大的长期债务负担。巴菲特最喜欢的公司如箭牌公司、国际香水公司等就没有什么长期债务。而巴菲特投资的经营业绩较好的公司，如可口可乐和吉利公司的长期债务也不超过公司净现金利润的一倍。

有时候，一个优秀的企业即使具有消费者垄断，它也会大借外债来获得对其他企业的控制权。如果情况是这样的话，投资者就必须保证要购买的公司也具有消费者垄断。如果购买的公司不具有消费者垄断，那就要小心了。当长期债务用来购买其他公司时，必须遵循以下规则。

1. 当两个具有消费者垄断的公司结合时，由于两者都具有消费者垄断，这将产生巨大的现金流量和超额利润，从而很快就能将所借的长期债务还清。

2. 当一个具有消费者垄断的公司与另一个普通商品类型的公司结合时，其结果往往不尽如人意。这是因为普通商品类型的企业为了改善自己不佳的经济状况，会侵蚀掉消费者垄断企业产生的利润，从而没有足够的资金来偿还所借的长期债务。但也有例外的情况，当某个商品类型企业的管理者利用公司的现金流量购买了另一个具有消费者垄断的企业，完成这种结合，随后就抛弃了急需补充现金的商品类型企业。

3. 当两个商品类型企业结合时，这就是一种灾难。因为两个企业都没有能力获取足够多的利润来偿还借款。

我们在选择投资目标时，必须小心谨慎，要确保投资对象也是具有消费垄断优势的企业，最好是两个具有消费垄断优势的公司或企业结合。由于两者都具有消费垄断优势，相互结合就会形成更大的优势，从而产生巨大的现金流量和超额利润，这样不但能很快偿还所借的长期债务，还能聚集更大的优势，创造更多的利润。如果情形相反，将会造成灾难。那样的企业或公司是巴菲特不屑一顾的，在他的投资组合中永远不可能出现。

对于企业的利润，它和企业所有权成正比。这就像小学校里的算术一样简单：如果公司的股票每股赚3元，而你拥有该公司股票的1000股，那么，你就可以赚到3000元。就这么简单！

巴菲特最善于抓住市场的悲观短视，利用市场上的盲目和悲观来挑选自己的投资目标。因为在悲观的市场上，人们被悲观绝望的情绪所左右，很难正确判断一家优良公司的真正价值，而这正是挑选有价值的投资标的并以较低价格买进的最佳时机。

但是，巴菲特也并不是一股脑儿地买进价格低廉的公司而不加挑选。他总是严格挑选那些随时会回归价值，或是等待市场恢复理性而加快升涨的股票，只有这样才能保证有丰厚的回报。更为重要的是，这些公司能够在较长一段时间里为他带来丰厚的利润。

> 总的说来，有两种公司值得投资：一是具有持久竞争优势的品牌公司。二是最有效率的公司。以上两种公司利润都有保障，在某种程度上能够保证投资者的利润。

1. 具有持久竞争优势的品牌公司。这类公司因为具有持久的竞争优势，在经济不景气的情况下，因为消费者群体对其产品的信赖，这类公司的获利也不会受到很大影响，从而能给投资者带来长久的稳定收益。

2. 最有效率的公司，提出这一标准是从经营管理的角度出发的。在一个相关行业的所有企业中，如果某一公司的管理人员特别注重管理效益，讲究节约管理成本，能以最低成本进行公司的运作，这类公司也是有投资价值的。许多公司之所以能成为品牌公司，能以最低最省的成本运作公司是其成功的重要原因。即便在经济不景气的情况下，由于其运行成本较低，其利润也有一定的保障，在某种程度上保证了投资者的利润。而那些管理经营成本高于同行的公司，迟早会被淘汰出局的，想成为品牌公司更是毫无可能。

消费垄断优势，能够给企业和投资者带来巨大的利润。选择投资对象时如果能够抓住这些公司，你就等于骑上了奔腾的"战马"，将会获得丰厚的利润。

股票市场好似一个乱哄哄的赌马场，大多数投资者并不认为自己是一个投资者，而把自己看作一个赌徒，总是带着一种赌博的心理去投资。这些人和谁赌呢？和市场赌。这很容易让人联想到中世纪西班牙的堂吉诃德，总想和巨大的风车比个高低，其结果可想而知！任何人都不可能跟市场一比高下，市场永远是强大的。要想在乱纷纷的股票市场上获得丰厚的利润，只能利用市场的悲观短视或是疯狂情绪，也就是说在市场不冷静的时候用冷静去战胜它，获取自己的利润。

投资者在投资过程中学习巴菲特，首先就要学习他如何选择投资对象。重点抓住那些具有消费垄断的品牌公司，能够为投资者带来丰厚的回报。在选择这些公司的时候，对管理人员的经营效率亦应重点考察，那些能够以最低的成本运作的公司与同行业其他公司相比常常具有较强的获利能力。选择这些质地优良的公司，就能像巴菲特那样战胜市场，赢得丰厚的利润。

巴菲特提醒您

在寻找优秀企业的过程中，应寻求那些具有消费者垄断并且财务状况较保守的企业。如果一个具有消费者垄断的企业想长期借一大笔债务，那么除非它想购买另一家也具有消费者垄断的企业，否则这是不足取的。

对公司进行基本面分析

> 每一位价值投资者选择股票前要做的就是对公司的基本面进行分析。
>
> ——巴菲特

公司基本面是公司经营状况的重要反映。

基本面是股票长期投资价值的唯一决定因素，每一个价值投资者选择股票前必须要做的就是透彻地分析企业的基本面。许多投资者没有系统的分析方法，甚至仅凭某一短暂的或局部的利好因素就做出草率的买入决定。投资者很容易受一些感性因素的影响而做出错误的操作，如听信其他投资者的言论，或者在生活中对某一消费品牌情有独钟，就买入其股票等等。

巴菲特在股市的成功，依仗的就是他对"基本面"的透彻分析，而非对"消息面"的巧妙利用。正是因为有巴菲特这样"老实本分"的投资者，正是因为市场对巴菲特理性投资行为的高额回报，使得美国的资本市场成为世界上最稳定、最成熟、最有活力的金融市场。作为经济"晴雨表"的美国资本市场的长期稳定、健康，反过来又对经济产生了良好的反馈作用，成为美国经济长期保持强势的根本保障。

> 基本面分析是你买入任何个股之前必须做的一件事。通过分析确定该股的质量及其相对强势，也就是区分其优劣的过程。

基本面分析主要是对公司的收益、销售、股权回报、利润空间、资产负债以及公司的产品、管理、产业情况进行分析。基本面分析能通过考察一只股票的质量和吸引力，识别出这只股票是否具有投资价值。

那么，在基本面分析中最重要的是什么呢？公司的盈利能力是影响股价的最重要因素。也就是说，只买那些盈利和销售量在不断增加、利润率和净资产收益率都很高的公司的股票。

每股收益（公司的总税后利润除以公开发行的普通股的股数）可作为公司的成长能力和盈利能力的指标。

巴菲特认为，表现最优秀的个股，3/4 都是成长良好的公司的股票。在股价大幅上升之前，其每股收益的年增长率平均达到或超过30%，而且连续 3 年都如此。因此，应全力关注连续 3 年的年收益增长率达到或超过 30% 的公司。

另外，在基本面分析中还有一些其他的因素。公司应当有其独特的新产品或新的服务项目，且其预期前景也令人鼓舞。你应当了解你所投资的公司在做些什么。这个公司应有大机构赏识并持有其股份，大多数情况下这个公司还应属于某个先进的大企业集团。应当了解有多少优秀的共同基金、银行和其他机构投资者买入这只个股，这也是你个人研究的基础。大机构通常要经过详细的基本面分析以后才会买入某只个股的大量股票。

通常情况下，华尔街的大多数基本面分析员用下面方法中的一种或几种来估计一个公司的股票价格或价值。

一、目标股票价格分析法

一个非常普遍的分析技术是构建公司期望业绩模型来预测未来的每股净收入，然后将这一数字和预计的价格—收入比率结合起来，从而得到一个"目标股票价格"。通常，目标股票价格分析都会以这样的方式结束其分析过程："如果 1999 年的每股盈利估计为 3 美元，假定市场的价格—收入比率是 25，麦当劳公司的目标股票价格就是75 美元。如果现在的价格是 65 美元，我们推荐你买进这只股票。"

二、相对价值分析法

相对价值分析法经常和目标股票价格分析法结合起来使用。相对价值分析法首先要为公司、类似股票和同行业竞争对手选择一种价值指标——最常用的是价格—收入比。相对价值分析法在比较具有不同特征的公司的股票价值时，除了价格—净收入比，还可以选择价格—账面价值比、价格－销售额比率或者价格—收入增长比率作为衡量标准。

三、贴现现金流分析法

在贴现现金流分析法中，一只股票的价值依赖于分析员对公司的期望现金流的估计，并以合适的贴现率进行贴现。最基本的贴现现金流模型是股息贴现模型。在股息贴现模型中，股票的价值就是投资者期望获得的股息的现值。运用股息贴现模型，分析员首先要估计未来股息增长率和投资者要求的股票回报率，然后对期望股票进行贴现，从而得出股票的价值。

贴现现金流的另一个模型是资本自由现金流模型。这种模型要计算支付了营运资本、资本支出、债务本息和优先股股息之后所留下的现金流。然后用公司的资本成本对这一现金流进行贴现，可以得出股票的价值。贴现现金流分析法的最后一个模型涉及公司的自由现金流。

使用贴现现金流方法的分析员们倾向于给出如下一个简单的价值表述："在现金流的基础上，我们估计麦当劳股票的合理价格是每股80美元。假定现在的股票价格是65美元，我们建议你买进股票。"

许多投资者以基本面分析方法作为其长期买卖决策的基础。基本面分析法的基本投资法则是：如果一只股票的价格低于它的内在价值，买进这只股票；如果股票价格高于它的价值，卖出这只股票。

也有些投资者通过基本面的分析来预测市场的未来，他们总是认为通过研究基本面的情况可以得出市场未来的方向。他们误以为基本面分析的作用就是预测市场的未来，掌握了大量的基本面资料就可以掌握未来。但巴菲特认为，这是一个根本性的错误。

基本面分析的功能不是预测市场，它的更大的作用是：告诉我们市场价格波动的原因，使我们更清楚地认识和了解市场，不至于因为对基本面情况的一无所知而对市场价格的涨跌感到迷茫和恐惧。

巴菲特提醒您

投资者在选择投资目标前要做的就是透彻地分析企业的基本面，从而确定企业的优劣。

从阅读中了解公司信息

学习投资很简单，只要愿意读书就行了。

——巴菲特

大量阅读是为了掌握大量相关信息，是选择明星企业的基础和前提。

巴菲特这样概括自己的日常工作："我的工作就是阅读。"由此可见，巴菲特对阅读是多么的重视。阅读是巴菲特获得信息和学得知识的重要途径。巴菲特8岁时，就开始阅读他父亲放在家里的股票书籍，他对股市一直保持浓厚的兴趣，甚至制作表格追踪股价的涨跌。后来，通过阅读那些投资大师的著作，巴菲特的水平获得了不断地提高。

巴菲特大量阅读与上市公司业务与财务相关的书籍和资料，在此基础上才非常审慎地选择投资对象。

巴菲特并不仅仅阅读上市公司年报这些公开披露的信息，他从年报中发现感兴趣的公司后，会阅读非常多的相关书籍和资料，并且进行调查研究，寻找年报后面隐藏的真相，"我看待上市公司信息披露（大部分是不公开的）的态度，与我看待冰山一样（大部分隐藏在水面以下）"。

巴菲特认为可以这样进行阅读："你可以选择一些尽管对其财务状况并非十分了解但对其产品非常熟悉的公司，然后找到这家公司的大量年报，以及最近 5 到 10 年间所有关于这家公司的文章，深入钻研，让你自己沉浸于其中。当你读完这些材料之后，问问自己，我还有什么不知道却必须知道的东西？很多年前，我经常四处奔走，对这家公司的竞争对手、雇员等相关方面进行访谈……我一直不停地打听询问有关情况。这是一个调查的过程，就像一个新闻记者采访那样。最后你想写出一个故事。一些公司的故事容易写出来，但一些公司的故事却很难写出来，我们在投资中寻找的是那些故事容易写出来的公司。"

巴菲特从一些非常优秀的财经书籍和杂志中学习到的东西比其他渠道要多得多。巴菲特认为，没有大量的广泛的阅读，你根本不可能成为一个真正的成功投资者。

巴菲特正是通过大量的阅读来研究公司的业务与财务的。

首先是公司业务研究。巴菲特首次对政府雇员保险公司产生投资兴趣时，他是这样做的："我阅读了许多资料，我在图书馆待到最晚时间才离开……我从 BESTS(一家保险评级服务机构) 开始阅读许多保险公司的资料，还阅读了一些相关的书籍和公司年度报告。我一有机会就与保险业专家以及保险公司经理们进行沟通。"

其次是财务分析，巴菲特阅读最多的是企业的财务报告。"我阅读我所关注的公司的年报，同时我也阅读它的竞争对手的年报，这些是我最主要的阅读材料。"

巴菲特甚至认为成功的投资并不需要高等数学知识，"如果高等数学是必需的，我就得回去送报纸了，我从来没发现在投资中高等数学有什么作用"。"你不需要成为一个火箭专家。投资并非一个智商为 160 的人就能击败智商为 130 的人的游戏"。正如巴菲特所说，学习投资很简单，只要愿意读书就行了。

去阅读你手中可以拿到的任何资料，让你的大脑被相互竞争的主意和观点充实得满满的。更重要的是去思考，哪些观点经得起时间的推敲。当你在思考购买一支股票时，应该考虑是否愿意购买下整个公司而不仅仅是该公司的股票。这种思考方式能令你更好地去了解一个特定投资所面对的机会和风险。

我们在佩服巴菲特对企业会计报表的财务分析能力的同时，想想我们往往非常重视公司财务报表披露的每股收益等数字，却很少有人能够分析出这些数字是否正确、有多少水分、盈利来源是什么、能否持续等。

实际上，分析企业会计报表是选择投资对象的前提，不懂财务的人最好不要做投资。

在大多数时候，我们只想着股价如何如何，却忘记了分析支撑股价的公司资产、盈利、现金流量等基本面如何，甚至可以说大多数人根本不懂财务，却自以为很懂投资。我们自以为像在电视遥控器上按下频道代码就能找到想看的频道那样，只要知道公司的每股收益等主要指标就可以准确判断公司股票的价值。

实际上，作为一般投资者，要想成功地进行投资，你不需要懂得什么 Beta 值、有效市场、现代投资组合理论、期权定价或是新兴市场。事实上大家最好对这些东西一无所知。你只要进行大量与投资公司相关的阅读就够了。

巴菲特提醒您

从阅读中获得重要的信息和有用的知识，可以帮助自己做出正确的投资决策，避免不必要的失误。

第二章

选择企业的基本准则

竞争优势是关键

> 对于投资者来说，关键不是确定某个产业对社会的影响力有多大，或者这个产业将会增长多少，而是要确定所选择的企业的竞争优势，更重要的是确定这种优势的持续性。
>
> ——巴菲特

具有突出竞争优势的企业，具有超出产业平均水平的超额盈利能力，长期来说，能够创造远远高于一般企业的价值增值。

巴菲特始终遵循他的导师格雷厄姆的教导："我认为迄今为止最优秀的投资著作是本杰明·格雷厄姆的《聪明的投资者》，他在最后一章的最后一部分的开头写道，当投资最接近于企业经营时才是最明智的。"

巴菲特认为，股票并非一个抽象的概念，投资人买入了股票，不管数量多少，决定股票价值的不是市场，也不是宏观经济，而是公司本身的经营情况。巴菲特说："在投资中，我们把自己看成是公司分析师，而不是市场分析师，也不是宏观经济分析师，甚至也不是证券分析师……最终，我们的经济命运将取决于我们所拥有的公司的经济命运，无论我们的所有权是部分的还是全部的。"

巴菲特将他的投资成功归功于他的商业思维。他说："我是一个比较好的投资者，因为我同时是一个企业家。我是一个比较好的企业家，因为我同时是一个投资者。"

巴菲特最关注的是公司的业务。这与一般投资者只关注股价是否便宜完全不同。他认为，以一般的价格买入一家非同一般的好公司要比用非同一般的好价格买下一家一般的公司好得多。

> 巴菲特总是集中精力尽可能多地了解公司的经营情况，他认为公司业务分析的关键在于"竞争优势"：
>
> 1. 企业的业务是否长期稳定，过去是否一直具有竞争优势？
>
> 2. 企业的业务是否具有经济特许权，现在是否具有强大的竞争优势？
>
> 3. 企业现在的强大竞争优势是否能够长期持续保持？

由于巴菲特进行的是长期投资，所以他非常重视企业是否有着良好的长期发展前景。而企业的长期发展前景是由许多不确定的因素决定的，分析起来相当困难。巴菲特为了提高对企业长期发展前景分析的准确性，在选择投资目标时严格要求公司有着长期稳定的经营历史，这样他才能够据此确信公司有着良好的发展前景，未来同样能够继续长期稳定经营，继续为股东创造更多的价值。

巴菲特认为公司应该保持业绩的稳定性，在原有的业务上做大做强才是使竞争优势长期持续的根本所在，因此巴菲特最喜欢投资的是那些不太可能发生重大变化的公司。

同时，巴菲特在长期的投资中深刻地认识到，经济特许权是企业持续取得超额利润的关键所在。

巴菲特在伯克希尔 1993 年的年报中对可口可乐的持续竞争优势表

示惊叹：我实在很难找到一家能与可口可乐的规模相匹敌的公司，也很难找到一家公司像可口可乐那样 10 年来只销售一种固定不变的产品。尽管 50 多年来，可口可乐公司的产品种类有所扩大，但这句话仍然非常贴切。就长期而言，可口可乐与吉列所面临的产业风险，要比任何电脑公司或是通讯公司小得多，可口可乐占全世界饮料销售量的 44%，吉列则拥有 60% 的刮胡刀市场占有率（以销售额计）。更重要的是，可口可乐与吉列近年来也确实在持续增加它们全球市场的占有率。品牌的巨大吸引力、产品的出众特质与销售渠道的强大实力，使得它们拥有超强的竞争力，就像是在它们的经济城堡周围形成了一条条护城河。相比之下，一般的公司每天都在没有任何保障的情况下浴血奋战。

因此，巴菲特认为可口可乐是一个竞争优势持续"注定必然如此"的典型优秀企业。

巴菲特将竞争优势壁垒比喻为保护企业经济城堡的护城河，强大的竞争优势如同宽大的护城河，保护着企业的超额盈利能力。

"我们喜欢拥有这样的城堡：有很宽的护城河，河里游满了很多鲨鱼和鳄鱼，足以抵挡外来的闯入者——有成千上万的竞争者想夺走我们的市场。我们认为所谓的护城河是不可能跨越的，并且每一年我们都让我们的管理者进一步加宽我们的护城河，即使这样做不能提高当年的盈利。我们认为我们所拥有的企业都有着又宽又大的护城河。"

市场经济的规律是优胜劣汰，无竞争优势的企业，注定要随着时间的推移逐渐萎缩乃至消亡，只有确立了竞争优势，并且不断地通过技术更新、新产品开发等各种措施来保持这种优势，公司才能长期存在，公司的股票才具有长期投资价值。

我们在寻找投资目标时，通过对公司竞争优势的分析，可以对公司的基本情况有比较深入的了解，这一切对我们的投资决策很有帮助。那么，怎样发现公司的竞争优势呢？

1. 公司的业绩是否长期稳定？只有在原有的业务上做大做强，才是竞争优势长期持续的根本所在。

2.公司的业务是否具有经济特许权？这是企业持续取得超额利润的关键所在。

3.公司现在良好的业绩是否能够长期保持？只有经过长期的观察，才能予以确认。

巴菲特提醒您

有些投资者在寻找投资目标时，往往只关注股价是否便宜。巴菲特告诉我们，选择企业时应关注企业业务经营状况，要选择那些具有竞争优势的企业进行投资。以一般的价格买入一家非同一般的好公司，要比用非同一般的好价格买下一家一般的公司好得多。

盈利才是硬道理

我想买入企业的标准之一是它有持续稳定的盈利能力。

——巴菲特

公司盈利能力最终体现为股东创造的价值，而股东价值的增长最终体现在股票市值的增长上。

巴菲特在分析盈利能力时，是以长期投资的眼光作为分析基础的，他强调说："我所看重的是公司的盈利能力，这种盈利能力是我所了解并认为可以保持的。"

巴菲特所选择的公司的产品盈利能力在所有上市公司中并不是最高的，但是，它们的产品盈利能力往往是所处行业的其他竞争对手们可望而不可即的。

巴菲特并不太看重一年的业绩高低，而更关心四五年的长期平均业绩高低，他认为这些长期平均业绩指标更加真实地反映了公司真正的盈利能力。因为，公司盈利并不是像行星围绕太阳运行的时间那样一成不变，总是在不断波动的。

> 在盈利能力分析中，巴菲特主要关注以下3个方面：
>
> 1. 公司产品盈利能力。巴菲特主要分析公司产品销售利润率明显高于同行业竞争对手，简单地说，就是公司的产品比竞争对手的更赚钱。
>
> 2. 公司权益资本盈利能力。巴菲特主要分析公司用股东投入的每一元资本赚了多少净利润，即我们经常说的净资产收益率，巴菲特非常关注公司为股东赚钱的能力是否比竞争对手更高。
>
> 3. 公司留存收益盈利能力。这是管理层利用未向股东分配的利润进行投资的回报，代表了管理层运用新增资本实现价值增长的能力。对每1美元的留存收益，公司应该转化成至少1美元的股票市值增长，才能让股东从股市上赚到与未分配利润相当的钱。

公司产品的盈利能力主要体现在公司的销售利润率上。如果管理者无法把销售收入变成销售利润，那么企业生产的产品就没有创造任何价值。

由于巴菲特所投资的公司是那些业务长期稳定的公司，所以这些公司利润率的高低在很大程度上取决于公司的成本管理。巴菲特多年的投资经验表明，成本管理存在着马太效应，高成本运营的管理者趋向于不断寻找办法增加成本，而低成本经营的管理者却总在寻找办法降低成本。

巴菲特讨厌那些允许成本日益增长的管理者。每当一家公司宣布削减成本时，巴菲特就知道这些公司并非真正懂得如何降低成本。巴菲特感叹道："每次我看到某家公司的削减成本计划时，我就会想到这家公司根本不知道什么是真正的成本。那种想在短时间内毕其功于一役的做法在削减成本领域是不会有效的。"

巴菲特认为，衡量一家公司盈利能力的最佳指标是股东收益率。

高水平的权益投资收益率必然会导致公司股东权益的高速增长，导致公司内在价值及股价的稳定增长。长期投资于具有高水平权益投资收益率的优秀公司，正是巴菲特获得巨大成功的重要秘诀之一。

一般说来，管理层用来实现盈利的资本包括两部分：一部分是股东原来投入的历史资本，另一部分是由于未分配利润形成的留存收益。这两部分资本是公司实现盈利创造价值的基础。如果说公司当前的市值反映了股东历史投入资本所创造的价值，那么公司未来市值的增长主要反映了留存收益创造的价值增长。否则，管理层利用股东的留存收益不但没有创造价值，反而是在毁灭价值。

事实上，分析留存收益的盈利能力并不容易，需要注意的是必须根据不同时期具体分析，不能仅仅计算总体收益情况。

很多情况下，在判断是否应当留存收益时，股东们不应当仅仅将最近几年总的增量收益与总的增量资本相比较，因为这种关系可能由于公司核心业务的增长而扭曲。在通货膨胀时期，核心业务具有非凡竞争优势的公司，在那项业务中仅投入一小部分增量资产就可以产生很高的回报率。但是，除非公司销售正处于巨大的增长，否则出色的业务肯定可以产生大量多余的现金。即使一家公司把绝大部分资金投入到回报率低的业务中，公司留存资产的总体收益情况仍然可能会相当出色，因为投入到核心业务中的那部分留存收益创造了超常的回报。许多股东权益回报率和总体增量资产回报率持续表现良好的股份公司，实际上将大部分的留存收益投入到毫无吸引力的，甚至是灾难性的项目之中。公司强大的核心业务年复一年地持续增长，隐瞒了其他资本配置领域里一再重复的错误。犯下错误的经理们总是不断报告他们从最新的失败中吸取的教训，然后再去寻找下一个新的失败和教训。

因此，对于投资者来说，重要的是要看重企业的盈利能力。企业将来的盈利能力是投资是否成功的关键所在。

巴菲特提醒您

> 一家优秀的企业应该可以不借助债务资本，而仅用股权资本来获得不错的盈利水平。优秀企业的投资决策会产生令人满意的业绩，即使没有贷款的帮助也一样。如果公司是通过大量的贷款来获得利润的，那么该公司的获利能力就很值得怀疑。

‖ 投 资 课 堂 ‖
公司盈利水平与经济价值变动关系

上市公司当期盈利质量的高低水平与公司经济价值的变动方向不一定是正相关的。公司当期的盈利质量可能比较高，但它的经济价值却正在下降；相反，公司当期的盈利质量可能比较低，但它的经济价值却正在上升。因此，盈利质量的评价应从静态和动态两个方面进行。

静态评价是指在衡量盈利质量高低的尺度上，公司当期盈利质量的绝对水平。动态评价是指随着时间变化，公司盈利质量的相对变化。盈利质量变化体现了公司经济价值的一个正面或负面的变动，这个变动是由于会计报表的盈利没有客观体现公司经营的财务环境的变化或者前景的变化所引起的。

提前发现上市公司盈利质量的变化，对于控制投资风险是至关重要的。

第三章

什么行业最值得投资

投资易于理解的行业

　　既然我们在 30 年前并没有预见计算机业会出现如今的情况，而且大多数投资者和公司经理也没有预见到。那么，为什么我现在非得认为我可以预言其他快速发展的公司的将来？我们反而要专注于那些易于理解的行业。

——巴菲特

　　通过把自己的投资范围限制在少数几个易于理解的行业，一个聪明伶俐、见多识广的人就可以比较精确地判断这些风险。

　　多年来，巴菲特只专注于那些易于理解的行业，所以他对伯克希尔所投资的企业一直有高度的了解。他建议投资人在竞争优势圈内选股，如果一个企业的技术太复杂，超出了自己的理解范围，就最好不要投资。

　　有人认为巴菲特只在他理解的范围内选择企业，使得自己没有机会接触如高科技等具有极高投资潜力的产业。巴菲特却坚持，投资的成功与否并非取决于你了解的有多少，而在于你能否老老实实地承认自己所不知道的东西。他认为，投资人并不需要做对很多事情，重要的是不能犯重大的过错。在巴菲特的经验里，以一些平凡的方法就能够得到平均以上的投资成果，关键是你要把一些平凡的事做得不平凡。

从巴菲特的投资中，我们很容易看出他的这种做法。他对网络科技股总是避而远之。相反，他青睐那些传统意义上的、为他所了解的盈利前景较为明朗的企业，如保险、食品、消费品、电器、广告传媒及金融业。

巴菲特多年来一直拥有的企业有以下行业：加油站、农场开垦公司、纺织厂、连锁型的大型零售商、银行、保险公司、广告公司、铝业及水泥公司、报社、油田和矿产开采公司、食品、饮料、烟草公司以及无线和有线电视公司。有些企业他拥有控制权，有些企业他只是拥有部分的股票。无论哪一种情形，巴菲特总是明确地掌握那些企业运作的状况。他了解所有伯克希尔持股公司的年收入、开销、现金流量、劳资关系、定价弹性和资本分配等情况。

巴菲特对可口可乐十分热衷，主要的原因之一是它的业务非常简单，易于理解。

首先，它很专注于饮料市场，不像百事公司那样，除了百事可乐之外，几十年来还涉足零食和快餐事业。这是商场竞争的一种优势，因为专攻一个市场，不论是在运作效率、市场和产品形象设计、广告宣传、管理等方面都比注意力分散的多头管理强。

其次，和百事可乐相同的是，世界各地数以千万次的市场实验已经证明，没人能够分辨出自己刚刚喝过的是可口可乐还是百事可乐，或是一些其他类似味道的汽水，但众多消费者还是习惯于选择饮用自己心目中的可乐品牌。值得注意的是，可口可乐的力量不只是印有它商标的产品，还包括它无与伦比的世界行销配送系统。今天，可口可乐的产品在国际的销售量占公司总销售量的67%，利润也占公司销售总额的81%。

巴菲特基于对保险业的深刻了解，投巨额购买 GEICO 的股票。一年后，巴菲特卖掉手上的 CEICO 股票，赚得 50% 的利润。

巴菲特表示："让我们想象你已经离开了 10 年，现在你想进行一个投资，你知道的就是你目前了解的一切，而且当你走的时候你也不能够改变什么，这时你会怎么想？当然企业必须要简单而且容易理解，当然公司必须在过去几年中表现出许多企业的平稳性，而且长期的前景也必须是被看好的。"

> 投资者应把自己的投资范围限制在少数几个易于理解的行业。盲目投资不理解的行业是不明智的。一个理性而且见多识广的投资者应当可以比较精确地判断出这样做的风险。

有些投资垃圾债券的投资者看好垃圾债券发行公司的前景，认为这些公司的经理有着给投资者以良好回报的想法。可事实上，这些垃圾债券的经营者却通常有另外的意图。他们就像吸毒者，不是把精力放在寻找治愈其满身债务的良方上，而是把精力放在寻找另一次毒品注射上。债券的追捧者们当时都相信大崩溃不会发生。他们甚至天真地认为，巨大的债务将使管理人员前所未有地关注绩效管理，正像人们期望一把镶嵌在轿车方向盘上的匕首也许可以使司机非常警觉，但如果轿车遭遇不好的路况，哪怕是最小的坑洞，也会产生致命的事故一样。而事实上公司运营的道路上到处都是坑洞，所以那种要求司机躲避所有坑洞的计划注定会遭遇彻底的失败。

作为普通投资者，我们完全不必受指数短期波动的影响，可以选择容易理解的行业和公司，从行业景气度趋势、企业成长趋势和股价运行趋势三者中去寻找共振的股票，买下并长期持有。

为了减少精力的消耗，投资者可以只考虑比较熟悉或者容易理解的行业，前者例如电力设备，后者例如采矿业、房地产。难理解的行业即使前景好也不应参与，例如医药、化工材料。

这些较容易理解的行业及公司有着相同的特征：基本面优良、

盈利情况良好及稳定的分红，除此之外还有高速、机场、汽车等低市盈率行业里也都有黄金可挖，投资者在未来的操作中可多加关注。对于一些高深莫测的概念股，利润就留给别人吧。

巴菲特提醒您

> 投资人财务上的成功，和他对自己所投资对象的了解程度成正比。以这样的原则，可以区别以企业走向作为选股依据的投资人，和那些带着一夜暴富的投机心态，整天抢进抢出，却占了绝大多数的投资人。

生意不熟不做

我们没有涉足高科技企业，是因为我们缺乏涉足这个领域的能力。我们宁愿与那些我们了解的公司打交道。

——巴菲特

要去那些我们了解的有明显优势的领域施展本领，不要去那些我们没有优势只有劣势的领域参与竞争。

有句古话叫："生意不熟不做。"巴菲特有一个习惯，不熟的股票不做，巴菲特的这种理念也许可以解释他为什么一直对高科技股不感兴趣吧！

正是因为巴菲特坚持"不熟不做"的观点，多年来他对科技企业避之唯恐不及，并成功地避开了2000年年初网络股泡沫等一系列投资陷阱。

巴菲特曾说他对分析科技公司并不在行。当股市处于对高科技尤其是网络公司股票狂热的时候，巴菲特在伯克希尔公司股东大会上被别人询问是否会考虑投资于高科技公司。他回答："这也许很不幸，但答案是不。我很崇拜安迪·格鲁夫和比尔·盖茨，我也希望能通过投资于他们将这种崇拜转化为行动。但当涉及微软和英特尔股票，我不知道10年后世界会是什么样子。我不想玩这种别人拥有优势的游戏。我可以用所有的时间思考下一年的科技发展，但不会成为分析这类企业的专家，第100位、第1000位、第10000位专家都轮不上我。许多人都会分析科技公司，但我不行。"

查理·芒格也认同巴菲特的这种观点。他说："我们没有涉及高科技企业，是因为我们缺乏涉及这个领域的能力。传统行业股票的优势在于我们很了解它们，而其他股票我们不了解，所以，我们宁愿与那些我们了解的公司打交道。"

巴菲特说："如果把我们的原理应用到科技股票上也会有效，但我们不知道该如何去做。如果我们损失了你的钱，我们会在下一年挣回来，并向你解释我们如何做到了这一点。我确信比尔·盖茨也在应用同样的原理。他理解科技的方式与我理解可口可乐公司与吉列公司的方式一样。所以，我们的原理对于任何高科技企业都是有效的，只不过我们本身不是能够把这些原理应用到那些高科技企业的人而已。如果我们在自己画的能力圈里找不到能够做的事，我们将会选择等待，而不是扩大我们的能力圈。"

巴菲特避开高科技企业还有一个原因是：很难预测这些变化很快的高技术领域或新兴行业的未来发展。

巴菲特说："我可以理性地预期投资可口可乐公司的现金流量，但是谁能够准确预期十大网络公司未来25年里的现金流量呢？对于网络企业，我知道自己不太了解。一旦我们不能了解，我们就不会随便投资。显然，许多在高技术领域或新兴行业的公司，按百分比计算的成长性会比注定必然如此的公司要发展得快得多。但是，我宁愿得到一个可以确定实现的好结果，也不愿意追求一个只是有可能会实现的伟大结果。"

事实上，巴菲特对科技股也不是抱着一味排斥的态度。作为一个理性的投资家，他不会因为企业的名称或是产品与高技术有关便将其排斥在考虑范围之外。无论是哪一种类型的股票，他所考虑的核心都没有变化。1999 年，巴菲特决定投资美国第一数据公司。当时整个业界都十分诧异于巴菲特的改变，以为他要大举进军科技股。巴菲特为什么会选择投资美国第一数据公司呢？是因为它符合巴菲特的投资标准。

第一数据公司位于美国亚特兰大，它提供信用卡支付处理及电子商务线上交易系统服务。正努力在线上交易中推广使用信用卡支付，并一直和雅虎、戴尔等著名高技术公司有密切的业务往来。与当时其他正在亏本运营的网络公司不同的是，第一数据公司已经有了很大的销售额与利润，而这些是引起巴菲特兴趣的最大原因。

巴菲特一方面宣称自己对科技股不感兴趣，另一方面还是购买了科技公司的股票，这是否矛盾呢？事实上这两方面并不矛盾。如果我们能将问题看得更为深入一些，就不难明白，巴菲特选择投资第一数据公司，更重要的一点是因为它已具备了能长期维持竞争优势和盈利的能力，符合巴菲特的传统投资理念。

在巴菲特看来，能够发现并长期拥有一家好企业，比在华尔街上的短期套利行为更有价值。他绝不会为了能够在短期内通过捕捉或制造某种投资热点而获利。巴菲特所看重的，正是企业及其产品、服务和管理上的特点能否满足自己的要求。一般说来，巴菲特对下列两种企业情有独钟。

第一，能够提供重复性服务的传播事业，也是企业必须利用的说服消费者购买其产品的工具。无论是大企业还是小企业，它们都必须让消费者认识自己的产品与服务，所以它们不得不花去高额的广告费以求能打开销路。所以，那些提供这类服务的行业势必从中获得高额的营业额及利润。

第二，能够提供一般大众与企业持续需要的重复消费的企业。巴菲特投资的企业，比如《华盛顿邮报》、中国石化等，无疑都符合他的这一原则。

在当今知识经济浪潮的冲击下，巴菲特终于对网络信息这种新的生活方式认同了。实际上，他的认同不是对他一直坚守的投资理念的抛弃，而是一种创新和升华。

投资并不是一项神秘的事业，它散发出巨大魅力，让许多人乐此不疲，为之忙碌。可是，在投资这个领域，成功的人永远少于失败的人。究其原因，是因为有太多的人是靠着自己头脑中的想象与金钱打交道。从巴菲特的投资行为中，我们也可以得出启发：在做任何一项投资之前，都要仔细调研，在自己没有了解透、想明白之前，不要仓促作决定、轻举妄动，以免给自己造成更大损失。

巴菲特提醒您

> 要把投资看成是一种理性的行为，如果你不了解这家企业，就绝不要去购买它的股票，永远不要做自己不懂的事情。

‖ 投 资 课 堂 ‖
不了解不要"跟风"

现在我们身边的人理财意识越来越强了，但相当一部分人投资理财时有"跟风"的趋势。比如说看别人炒房挣了钱，自己也去买房准备出售，听说别人炒股赚了，赶紧也去买股票，发现买基金的人不少，好，拿出老本，也去当一回"基民"……

如果想到股市风险太大，有人就想炒邮票、炒外汇、炒期货、进行房地产投资等，其实这些渠道的风险都不见得比股市低，操作难度还比股市大。所以自己在没有把握前，把钱放在银行储蓄中倒比盲目投资安全些。统计结果也表明，现在银行储蓄仍是大家的首选，宁静以致远不无道理，毕竟我们将来的投资机会多得是，留得现金在，不怕没钱赚。

我们在做任何一项投资前都要想清楚，自己不了解前不要仓促作决策。

选择消费垄断型企业

我一生都在追求消费垄断型企业。

——巴菲特

尽管品牌意识只是一种心理状态，但它却使消费者只购买某几种商品。因为这些商品具有与众不同的特质，它使得消费者对其产生了偏好。

巴菲特把市场上的众多公司分成两大类：一类是我们应该尽量避免投资的产品公司；一类是我们应该选择的消费垄断型公司。

产品公司是那些消费者很难区分竞争者产品的公司。几十年前，这些公司包括银、铜、石油等产品。现在，就连电脑、银行、民航、保险产品等，都成了产品公司。这些公司的特点是，每个竞争者为了争取顾客都必须从价格等方面竞争。巴菲特说通常这些公司为了吸引顾客都会拼命打广告，希望能在顾客脑海中建立起与其他竞争者不一样的形象，但往往预期效果不理想。

产品公司在市场好时，收益已不算多，一旦经济不景气，大家竞相打价格战，就会导致面临亏损的危机。这是我们应该尽量避免的公司。

消费垄断型公司，就是那些在消费者脑海里，已经建立起了一种与众不同的形象的公司。

巴菲特选择投资对象的时候特别注重公司的业务种类，对那些从事具有消费垄断业务的公司情有独钟，他认为消费垄断型公司相对于从事普通业务的公司具有获利潜力和发展前景。这类企业即便是在经济不景气的情况下也由于其所从事的业务具有消费垄断，而不会对其获利能力有很大的影响。

巴菲特一直都认为"可口可乐"是世界上最佳的消费垄断型公司。

可口可乐公司就是在销售它的饮料品牌，世界上没有什么东西比食物或能量更重要了。它仅仅是一种饮料，也许你会说它不过是一家糖水饮料公司，沿街叫卖牙齿腐蚀剂而已。但是，我们最好认真审视可口可乐公司制造饮料的理念。多年来，可口可乐公司一直提供新鲜可口的饮料，最终在世界主流饮料品牌中占有了一席之地。

巴菲特说："你的一生中能有一个好点子就已经很幸运了，而这基本上就是世界上最大的一笔业务。可口可乐拥有世界上最有影响力的品牌，价格公道，深受欢迎——在各个国家，它的人均销售量每年都在增加，没有哪一种产品能像它一样。"

可口可乐公司在 1995 年的年度报告中宣称："如果我们的公司被彻底摧毁，我们马上就可以凭借我们品牌的力量贷款重建整个公司。"

正因为"可口可乐"是世界上最好的消费垄断型公司，也正是这种无形资产给可口可乐公司带来了巨大的经济效益和社会效益。

试想，它能够吸引顾客持续购买，这就是消费型公司的威力。换言之，在市场上，它们并没有垄断市场，因为还有很多的竞争者来争生意，但在顾客的脑海中，它们早已是一种垄断的公司了。

20 世纪 40 年代后期，约翰·霍普金斯大学的劳伦斯·布鲁伯格指出消费垄断型企业的投资价值。通过对消费垄断型企业和普通企业的比较，布鲁伯格认为，企业便利的地理位置、彬彬有礼的雇员、周到的售后服务、令人满意的产品品质等因素令消费者信赖，从而产生一种心理状态——商誉意识。消费者的商誉意识带来了消费垄断。而商誉意识虽然只是一种消费心理状态，但作为一种无形资产却具有巨大的潜在价值。它常常驱使消费者对某些商品产生一种信任，只购买某几种甚至某一种商品。这样就会给企业带来更高的利润的增长、良好的业绩等等，此类公司的股票自然会受到追捧，股价也会随之上涨。这类公司即使在经济不景气的情况下也会有突出的表现。巴菲特接受了这一理论观点，并在投资过程中坚持运用，当作挑选投资企业的重要标准来实施。这便造成了巴菲特的投资组合中几乎数十年不变的只有 8 家公司的股票。

这些公司在巴菲特眼中都具有消费垄断，在消费者心中都是具有长久吸引力的消费品牌，能够使消费者产生"商誉意识"。

为了检验某个企业是否存在消费垄断，是否足以使消费者心中产生"商誉意识"，巴菲特参考布鲁伯格的理论发明了一种方法。他设计的问题是：如果有几十亿资金和在全国 50 名顶尖经理中挑选的权利，能开创一个企业并且成功地与目标企业竞争吗？如果答案是否定的，那么这个企业就具有某种类型的消费垄断，是一个消费垄断型企业。

在普通投资者进行投资时，"消费垄断"型公司最具投资价值。所谓消费垄断，包括以下两类。

第一类是"品牌消费垄断"。此类企业具有品牌话语权，品牌在消费者中的认知度比较高。

第二类是"渠道消费垄断"。渠道的消费垄断是指占据了经销商主要的通路和资金，能较好地帮助经销商实现盈利。这类强势企业也具有较为强势的渠道控制能力。

在你投资之前，问问自己，如果投资一笔钱，请来最好的管理者，而且又宁可亏钱也与它争市场的话，我能够占领它的市场吗？如果答案还是不能的话，那就是一家很优秀的公司。

巴菲特提醒您

选择消费垄断型公司的获利在任何情况下都比从事普通业务而不具有消费垄断的公司要稳定得多，有保障得多。投资于这类企业风险较小，获利有保障。

第三部分

独具慧眼抢先机
——准确评估股票价值

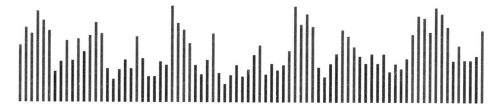

　　股票投资者在寻找到超级明星企业之后，买入其股票并不能保证他获得利润。他首先要对公司价值进行评估，确定自己准备买入的企业股票的价值是多少，然后跟股票市场价格进行比较，以期通过低于股票内在价值相当大的折扣价格买入股票，在股价上涨后以相当于或高于价值的价格卖出，从而获得高额利润。可以说，没有准确的价值评估，谁也无法确定应该以什么价格买入股票才划算。

第一章

价值投资，黄金量尺

价值投资能持续战胜市场

每个价值投资的投资业绩都来自于利用企业股票市场价格与其内在价值之间的差额。

——巴菲特

价值投资以高收益和低风险持续战胜市场。

从格雷厄姆 1934 年出版《证券分析》提出价值投资以后，70 多年来证券市场不断发展壮大，已经发生了巨大的变化，那么，价值投资在这 70 年期间一直有效吗？答案是：有效，而且是非常有效，甚至可以说价值投资是唯一能够持续战胜市场的投资策略。

价值投资的实践也证明，基于安全边际的价值投资能够取得超出市场平均水平的投资业绩，而且这种超额收益并非来自于高风险，相反的，价值投资策略的风险相对更小。

巴菲特关于价值投资的收益更高、风险更低的说法，根据一些财务指标与股票价格的比率分析（价格与收益比，价格与账面值比、价格与现金流量比等）表明，投资于低市盈率、低股价股利收入比率、低股价现金流比率的股票，能够取得超额投资利润。这些指标尽管并不能直接表示安全边际的大小，但可以间接证明比率较低的公司股票相对于比率较高的公司股票可能被低估，所以，相对而言具有较大的安全边际。因此，这对普通投资者采用价值投资策略提供了更多的依据。

价值投资者利用价格与价值的偏离，以低价买入目标股票，以更高的价格卖出自己以前低价买入的股票。

那么，价值投资原理为什么有效呢？也就是说，股票市场中价格与价值为什么会这样波动呢？

在股票市场中，价格为什么会经常偏离价值，而且在价格偏离价值经过相当长的时间后，价格会向价值回归呢？

这是所有价值投资人都必须思考的最重要的问题。因为认识市场的波动规律，对于投资人战胜市场具有非常重大的意义。

> 实际上，价值投资能持续战胜市场的关键在于股市波动，合理利用价值规律。

巴菲特回忆在为格雷厄姆—纽曼公司工作时，他问他的老板格雷厄姆："一位投资者如何才能确定，当一家股票的价值被市场低估时，它最终将升值呢？"格雷厄姆只是耸耸肩，回答说："市场最终总是会这么做的……短期来看，市场是一台投票机；但从长期来看，它是一台称重机。"

格雷厄姆曾将股票市场的波动归为一种神奇的现象。

1929年，格雷厄姆参加了一次由美国国会举行的听证会。参议院银行业委员会主席威廉·富布莱特问格雷厄姆："最后一个问题，当您发现了某个特殊的情形，并且您仅凭个人思考判断您可以用10美元买入一只股票，而它的价值是30美元，于是您买进一些股票。但只有当许许多多其他的人们认为它确实值30美元的时候您才能实现您的利润。这个过程是如何产生的——是做宣传呢？还是什么别的方式？是什么原因促使一种廉价的股票发现自己的价值呢？"

格雷厄姆回答道："这正是我们这一行业的一个神秘之处，对我和对其他任何人而言，它一样神奇。但我们从经验上知道最终市场会使股价达到它的价值。"

作为价值投资的先行者，格雷厄姆认为投资者应当寻找一个合理的价位来买卖股票。他甚至认为投资者应当力争在股票价格最低的时候再买入。巴菲特虽然也认为投资者应当耐心等待买入时机，但不应当奢求能够在最低点买入。

巴菲特和格雷厄姆都主张价值投资者应认识到企业财务报告的重要性，但巴菲特同时也看重企业其他许多无形的东西，如管理者的素质，产品有无大众化的市场，企业有无特许权与定价权等。巴菲特强调只有财务报告与企业的其他因素都满足自己的条件时，他才可能会考虑买入。否则，不管企业有多强的盈利能力，而它的产品与市场如果不能被理解的话，他还是不会对它感兴趣。一旦巴菲特选择了某只股票，而且认为他当前的价格正是非常不错的买入时机，他便不会过多考虑股价是否到了最低点。他说："我现在要比20年前更愿意为好的行业和好的管理多支付一些钱。"

事实上，一般投资者做出正确决策的依据并非建立在它是否看懂了企业的财务报表，而是取决于它对商业的理解能力。在巴菲特看来，投资股票和证券与其他商业活动没有太多的区别，衡量企业的一些基本量尺在这里依然有用。

在当今社会，价值投资越来越引起人们的关注，但真正能这样做的人并不多。因为价值投资的概念虽然不难懂，但人们却很难真正这样实践，因为它与人性中的某些惯性作用是相抵触的。投资者习惯了"旅鼠式"的行动，如果让他们脱离原有的群体，是非常不容易的。就像巴菲特所指出的那样："在我进入投资领域30多年的亲身经历中，还没有发现应用价值投资原则的趋势。看来，人性中总是有某种不良成分，它喜欢将简单的事情复杂化。"

对投资者来说，重要的不是理解别人的投资理念，而是在实践中如何应用它。

作为普通投资者，在买入价格上留有足够的安全边际，不仅能降低因为预测失误引起的投资风险，而且在预测基本正确的情况下，可以降低买入成本，在保证本金安全的前提下获取稳定的投资回报。

巴菲特提醒您

作为投资者，在投资中，你付出的是价格而得到的是价值。你不需要考虑那些单个股票的价格周期及整个市场的波动。市场周期绝不是影响投资者选择股票的重要因素，不过当股价处在高位时，你更难以发现那些被市场低估的股票，因为此时大多数股票价格偏高；而当市场处在低迷时，他们的选择余地会更多，因为此时大多数企业的价值被低估，你就有了更多的选择。

价值投资的三角：投资人、市场、公司

评估一家企业的价值，部分是艺术，部分是科学。

——巴菲特

价值投资者需要评估企业价值，思考市场价格。

关于价值投资，作为一般投资者，并不一定要学习那些空洞的理论，只需学习公司估价与正确看待市场波动。

巴菲特认为投资者在学习公司估价与正确看待市场波动的同时，必须培养合适的性格然后用心思考那些你真正下功夫就可以充分了解的企业。如果你具有合适的性格的话，你的股票投资就会做得很好。

成功的投资生涯不需要天才般的智商、非比寻常的经济眼光，或是内幕消息，所需要的只是在做出投资决策时的正确思维模式，以及有能力避免情绪破坏理性的思考。你的投资业绩将取决于你倾注在投资中的努力与知识，以及在你的投资生涯中股票市场所展现的"愚蠢程度"。市场的表现越是愚蠢，善于捕捉机会的投资者的胜率就越大。

> 综合巴菲特关于价值投资的论述，我们将其总结归纳为价值投资成功的金三角：
> 1. 培养理性自制的性格。
> 2. 正确看待市场波动。
> 3. 合理评估公司价值。

以下我们分 3 个方面来论述价值投资成功的金三角。

一、如何分析自己，培养理性自制的性格

巴菲特强调投资成功的前提是理性的思维与自制的性格：投资必须是理性的，如果你不能理解它，就不要去做。

巴菲特的合作伙伴查理·芒格在斯坦福法学院的演讲中说："在投资中情商远比智商更为重要。做投资你不必是一个天才，但你的确必须具备适合的性格。"

股票投资者只强调对公司财务数据的数学分析，并不能保证成功，否则会计师和数学家就是世界上最富有的人了。但过于迷信属于投资艺术的灵感，也很危险，否则艺术大师、诗人、气功大师全部都能成为投资大师。

投资者在对公司历史进行分析时，需要保持理性；对公司未来进行预测时需要敏感和直觉。但由于历史分析和未来预测都是由投资人做出的，而投资人在分析预测的过程中面对的很多是并不完整的历史信息，以及数量很少、准确性很差的未来预测信息，每一次投资决策在某种程度上都是一种结果不确定的博弈。投资人的长期业绩取决于一系列的博弈。所以，投资人必须像职业棋手那样具有良好的性格，从而提高决策的稳定性。否则像赌徒那样狂赌，一次重大失误就足以致命。

二、如何分析市场

态度对市场波动有很大的作用，这是因为股票市场的影响力实在太巨大了，投资者要保持理性的决策是一件非常困难的事情。

正如巴菲特所说："一个投资者必须既具备良好的公司分析能力，同时又具备必须把他的思想和行为同在市场中肆虐的极易传染的情绪隔绝开来，才有可能取得成功。在我自己与市场情绪保持隔绝的努力中，我发现将格雷厄姆的'市场先生'的故事牢记在心中非常非常有用。"

在市场波动的巨大心理影响中保持理性的前提是对市场波动有正确的态度和看法。

投资大师们用其一生的投资经验为我们提出正确看待市场波动的成功经验。格雷厄姆和巴菲特的忠告："市场先生"是仆人而非向导。

巴菲特与林奇的警告：股市永远无法准确预测。巴菲特与另一位投资大师彼得·林奇投资成功的基本原则：要逆向投资而不是跟随市场。投资大师对有效市场理论的共同批判是：有效市场理论荒唐透顶。

三、如何评估公司价值

投资者首先要对公司价值进行评估，确定自己准备买入的企业股票的价值是多少，然后跟股票市场价格进行比较。投资者发现符合其选股标准的目标企业后，不管股价高低随意买入其股票并不能保证他获得利润。公司股票市场价格如大大低于其对应的内在价值（更准确的应该是"真实价值"或"合理价值"），才能够为价值投资人提供很大的安全边际和较大的利润空间。

因此，价值评估是价值投资的前提、基础和核心。巴菲特在伯克希尔公司1992年年报中说："内在价值是一个非常重要的概念，它为评估投资和企业的相对吸引力提供了唯一的逻辑手段。"

因为股票价值是公司整体价值的一部分，所以对于股东来说，股票交易的股票内在价值评估与公司价值评估其实是完全相同的。价值投资人在进行价值分析时，对于上市公司和自己完全拥有的私有企业的价值评估方法是完全一样的。格雷厄姆指出："典型的普通股投资者是企业家，对他而言，以和估价自己的私人企业同样的方法来估价任何其他上市公司似乎是理所当然的做法。"价值投资人买入上市公司的股票，实质上相当于拥有一家私有企业的部分股权。在买入股票之前，首先要对这家上市公司的私有企业市场价值进行评估。

巴菲特提醒您

　　要想成功地进行投资，你不需要懂得现代投资组合理论，你只需要知道如何评估企业的价值以及如何思考市场价格就够了。

股市中的价值规律

　　政治或经济危机可以导致股票偏离其长期的发展方向，但是市场体系的活力能让它们重新返回长期的趋势。或许这就是股票投资收益率为什么能够超越在过去两个世纪中影响全世界的政治、经济和社会的异常变化，保持稳定性的原因。

——希格尔

投资者利用市场中价格与价值相偏离获取利润。

　　价值投资之所以能够持续战胜市场，根本原因在于对于价值规律的合理利用。投资者利用短期内价格与价值的偏离，以低价买入目标股票，形成理想的安全边际。利用长期趋势中价格向价值的回归，以更高的价格卖出自己以前低价买入的股票，获取巨大的投资利润。

　　格雷厄姆在《证券分析》中指出："当证券分析家们在寻找那些

价值被低估或高估的证券时，他们就更关心市场价格了。因为此时他的最终判断必须很大程度上根据证券的市场价格来做出。这种分析工作有以下两个前提：第一，市场价格经常偏离证券的实际价值；第二，当这种偏离发生时，市场中会出现自我纠正的趋势。"

格雷厄姆认为，内在价值是影响股票市场价格的两大类重要因素之一，另一个因素即投机因素。价值因素与投机因素的交互作用使股票市场价格围绕股票内在价值不停波动，价值因素只能部分地影响市场价格。价值因素则是由公司经营的客观因素决定，并不能直接被市场或交易者发现，需要通过大量的分析才能在一定程度上近似地确定，通过投资者的感觉和决定，间接地影响市场价格。由于价值规律的作用，市场价格经常偏离其内在价值。

分析格雷厄姆关于价值投资的论述，我们就会发现，格雷厄姆价值投资的基本思想是对股票市场价值规律的合理利用。

格雷厄姆将价值投资成功的根本原因归于股票价格波动形成的投资机会："从根本上讲，价格波动对真正的投资者只有一个重要的意义——当价格大幅下跌后，提供给投资者低价买入的机会；当价格大幅上涨后，提供给投资者高价卖出的机会。"

股市总是特别偏爱投资于估值过低股票的投资者。首先，股市几乎在任何时候都会生成大量的真正估值过低的股票以供投资者选择。然后，在其被忽视且朝投资者所期望的价值的相反方向运行相当长时间以检验他的坚定性之后，在大多数情况下，市场总会将其价格提高到和其代表的价值相符的水平。投资者利用市场中的价值规律获取最终利润。

一般说来，投资者在一家公司的市场价格相对于它的内在价值大打折扣时买入其股份。内在价值是一个非常重要的概念，它为评估投资和企业的相对吸引力提供了唯一的逻辑手段。内在价值在理论上的定义很简单：它是一家企业在其余下的寿命史中可以产生的现金的折现值。虽然内在价值的理论定义非常简单也非常明确，但要精确或大概计算一家公司的内在价值都是很困难的。这是因为：

1."一家企业在其余下的寿命史中可以产生的现金"本身就是一个难以琢磨的概念，这完全依赖于对公司未来的预期，其本身就充满了不确定性，以这个未来充满了不确定性的现金流为基础而形成的判断有多大的可信度呢？

2.影响折现值的另一个重要因素就是折现率，这在不同的时点、针对不同的投资人会有相差悬殊的选择——这也是一个不确定的因素。股票价格总是变幻莫测的，而股票的内在价值似乎也是变幻莫测的。

那么，在股票市场中，由于价值规律的影响，股票价格是否会围绕股票价值上下波动呢？ 200多年的股市历史证明的确如此，只不过股票市场的波动更加激烈，更不规律。

金融证券的价格受一些影响深远又变幻莫测的因素的支配。格雷厄姆形象地把这种影响证券价格波动的非人力因素称为"市场先生"。"市场先生"每天都现身出来买卖金融资产，他是一个奇怪的家伙，根据各种各样难以预料的情绪波动，使价格落在他所愿意成交的位置上。

尽管金融资产的市场价格涨落不定，但许多资产具有相对稳定的基础经济价值。训练有素且勤勉的投资者能够精确合理地衡量这一基础经济价值。证券的内在价值与当前交易价格通常是不相等的。

在证券的市场价格明显低于计算所得的内在价值时购买证券，最终必将产生超额回报。理论上价值和价格之间的差距约等于基础价值的1/2，而且至少不低于基础价值的1/3。最终的收益可能更大，而且更重要的是，还很安全。

作为投资者必须明白的一点是，有些优秀的公司，因为受众人所爱，所以本益比不会很低。因此，对于投资者来说，只要是一家公司一直以来都在快速又稳定地成长，那么30～40倍的本益比也未必过分。

因此，投资者在分析优秀公司时，应该翻查有史以来有关该公司的本益比资料，然后在股市低迷的时候，看看这家公司的本益比，是不是已经跌入前所未有的地步。

如果你对市场价值规律把握准确，就能有效地降低投资的风险，保证投资人长期的收益率。

巴菲特提醒您

尽管市场短期波动中经常使价格偏离价值，但从长期来说，偏离价值的股票市场价格具有向价值回归的趋势。

第二章

如何评估一只股票的价值

注重投资收益

当股价走到了相对于其盈利增长以及股本收益率具有吸引力的水平时，才应当购买它们。

——巴菲特

把注意力集中在具有高水平股本收益率的公司上，是取得成功的一个要诀。

巴菲特认为，作为一个股票持有者，你应该主要关心投资收益，或者从股票中获得的现金流。你得到过股息吗？股票价格上升了吗？你的总收益率是多少？换句话说，你主要关心的是和你的钱包息息相关的股票业绩指标。

在投资中，投资者的期望投资收益应该是多少？

标准—普尔500指数代表的公司的股票收益，在20世纪的大部分时间里，平均水平达到10%～15%之间，然而到90年代却发生了急剧增长。到20世纪90年代末，公司的股东收益超过了20%。考虑到这是

500 家公司的平均水平 , 20% 的水平确实是一个惊人的速度。许多技术公司在 20 世纪 90 年代的股本收益都超过了 30%。许多生产消费品的公司如可口可乐、菲利浦·莫里斯 , 以及某些制药公司 , 如华纳—兰伯特、艾博特实验室还有默克公司 , 它们的股本收益都超过了 30%。由于公司为股东持有的股票 (或者账面价值) 创造了如此高的收益 , 投资者们愿意为其股票支付一个相对于账面价值来说很高的溢价。在 20 世纪的大部分时间里 , 股票价格一般为股本价值的 1 ~ 2 倍 , 而这些公司的平均股票价格到 90 年代后期却超过了股本价值的 6 倍。

但是 , 1999 年 , 巴菲特开始质疑公司能否以超过 20% 的速度持续地提高股本收益。他认为如果它们不能做到 , 股价就不应该达到 6 倍于股本价值的水平。历史证实了巴菲特的判断。在 20 世纪 90 年代 , 美国公司不再慷慨地分派红利 , 而越来越多地保留了当年的盈利。此外 , 美国经济似乎只能维持一个 3% ~ 4% 的年增长率 , 在这些条件下 , 公司无限期地保持一个 20% 的股本收益增长速度几乎是不可能的。必须达到一个超过 20% 的年盈利增长速度 , 才能使股本收益以 20% 的速度增长——而这是不可能的 , 除非经济增长速度每年远远超过 10%。

投资收益在对公司进行分析时发挥着一个重要作用 , 它把股票价格和股票价值水平置于一个恰当的关系之中。许多投资者都把注意力集中在公司过去的及预测的盈利增长上。即使顶尖的分析师们也非常关注盈亏底线的增长 , 把它们作为衡量成功的标准。然而 , 一个公司使投资者的资本获得高收益的能力 , 对于公司长期增长同样是至关重要的。

> 在某些方面 , 投资收益或许是衡量公司表现的一个更加重要的尺度 , 因为公司可以借助众多的手段来改变它们的会计利润。

股票投资者的收益包括股息支付加上投资者在股票持有期内所经历的股票价格的上升部分 (减去下降部分)。市场只关注股票持有者的年收益 , 通常用收入或者损失的百分比来表示 , 并且通常以日历纪年为基准期来计算收益。股票持有者的收益指的是年收益，等于股息与股票价格净变化的和除以股票的初始价格：

$$股票持有者收益率 = \frac{（股息＋股票价格变动）}{股票初始价格}$$

例如，如果一只股票的年初价格是 100 美元，随后的一年中发放了 1 美元的股息，年终股票价格是 109 美元，其持有者的收益率就等于 (1+9)/100=10%。这个计算并不复杂。

股票市场可能因为宏观经济问题而出现下降，诸如较高的利率、较低的盈利预测、通货膨胀或紧缩恐慌、地缘政治情况变化——比如中东国家关系恶化、俄罗斯货币危机等。这种市场下跌力量可能会推动你的股票一起下跌，公司管理层对股票价格的反向运动也无能为力。所以即便公司的运营和盈利前景都非常良好，股票持有者的收益率也可能是负数。

相反，在公司的运营非常普通或者糟糕的时候，股票持有者收益率却有可能非常好。股票市场可能因为某种积极的经济事件而上扬，比如一次大罢工事件的妥善解决或者减少了通货膨胀恐慌。糟糕的公司运营状况可能会使公司进入被收购的候选名单，股票价格的上升可能是对这个公司股票收购要约的结果。例如，1997 年，所罗门兄弟公司在交易中遭受很多损失，这导致旅游者集团旗下的史密斯—巴尼公司以远高于当时市价的溢价水平收购了所罗门公司。

当一家公司取得了高水平的股本收益率时，表明它在运用股东们提供的资产时富有效率。因此，公司就会以很快的速度提高股本价值，由此也使股价获得了一个同样快速的增长。

巴菲特确信，公司能够创造并维持高水平的股本收益率是可遇而不可求的，因为这样的事情实在是太少了。当公司的规模扩大时，维持高水平的股本收益率是极其困难的事情。事实上，许多最大的、最有希望的美国公司——其中包括通用电气、微软、沃尔玛以及思科系统——由于规模扩大，几年来股本收益率一直在下降。这些公司发现当股本价值仅为 10 亿美元时，赚取足够的利润使股本收益率达到 30% 是很容易的事情。现在，比如说，当股本达到 100 亿或者 200 亿美元时，公司要维持一个 30% 的股本收益率是极其困难的。

一般来说，如果一家公司要维持一个稳定的股本收益率，它就必须使盈利增长率超过股本收益率。就是说，要维持 25% 的股本收益率，就必须使盈利增长率超过 25%。这对于不分派红利的公司也是一样（分派红利降低了股本价值，使提高股本收益率反而变得更容易）。如果管理层希望把股本收益率保持在 25% 的水平，就必须找到某种方法为所获得的每一美元的净收入创造出超过一美元的股本价值。

公司的股本收益率走势和未来盈利走势之间存在着某种相关关系。如果年度股本收益率上升，盈利率也应该同样上升。如果股本收益率的走势稳定，那么盈利率走势就很可能会同样稳定，并且具有更高的可预见性。将注意力集中于股本收益率，投资者可以更有信心地预测未来盈利。

作为投资者，如果你能估计公司未来的股本收益率，那么你就可以估计股本价值在年度间的增长。并且，如果你能估计股本价值的增长，你就能合理地预测取得每一年年终股本价值所需的盈利水平。

巴菲特提醒您

　　高水平的股本收益率必定导致一个强劲的盈利增长，一个股本价值的稳定增长，一个公司真实价值的稳定增长以及一个股票价格的稳定增长。

‖ 投资课堂 ‖
几个值得考虑的其他因素

当你评估投资时，还存在着其他 5 个值得考虑的因素。

1. 用少量负债或零负债取得高水平的股本收益率强于高负债下获得的近似的股本收益率。资产负债表中增加的债务越多，公司的股本价值就越低（如果其他因素不变的话）。因为计算股本价值时，债务是资产中的扣除项。合理举债的公司能够大大改善股本收益率的数值，因为与净收入相对应的是一个相对较小的股本价值基数，但是过高的负债是不可取的，特别是对于那些具有显著周期性盈利变动的公司。

2. 股票回购可以导致高水平的股本收益率。通过股票回购以及向雇员赠予股份和期权，公司可以在很大程度上控制股本收益率。在 20 世纪 90 年代中期，数十家顶级公司开始回购股票，目的是提高每股盈利和股本收益率。

3. 高水平的股本收益率因行业而异。医药和消费品公司的负债水平一般高于平均水平，并且有较高的股本收益率。它们能够承受较高的债务水平，因为与那些周期性较强的制造商相比，它们的销售收入更加稳定，更具有可预见性。因此，它们可以放心地运用债务扩大经营，而不用担心经济衰退时期支付利息的能力。

4. 小心人为抬高的股本收益率。通过重组费用、资产出售或者一次性所得，公司可以在很大程度上人为地控制股本收益率。任何减少公司资产的行为，如重组支出或者部分出售，也会降低股本的价值，但是却可以人为地提高股本收益率。那些不依靠一次性的会计手段取得高水平股本收益率的公司才能真正使股东受益。

5. 股本收益率受商业周期的影响，并且随着年度盈利增长率而上下波动。如果你见到了周期性的公司取得了高水平的股本收益率，你要当心。这种水平恐怕不会持久，并且可能是经济走强时的副产品。

不要以经济高峰时期取得的股本收益率水平为基础，这将导致对未来的股本收益率做出错误的预测。

利用"总体盈余"法进行估算

> 在这个巨大的交易舞台中，我们的任务就是寻找这类企业：它的盈利状况可以使每一美元的留存收益至少能转化为一美元的市场价值。
>
> ——巴菲特

每位投资者的目标就是建立可以在未来很多年还能产生最高总体盈余的投资组合。

当巴菲特考虑准备进行一项新的投资时，他会先与已经拥有的投资进行比较，看新的投资是否会表现得更好。伯克希尔公司已经拥有一个完备的评估体系来衡量新投资案，因为它过去已经积累了许多不错的投资案可供比较。对于普通投资者，最好的评估指标就是自己已经拥有的投资案。如果新投资案的未来潜在表现还不如你已经拥有的那一个好，就表明它还没有达到你的投资门槛。以此方法可以有99%的把握检验出你目前所看到的投资案的价值。为了了解公司股票的投资价值，巴菲特利用"总体盈余"法进行估算。

伯克希尔公司的总体盈余是该公司及其转投资公司营运盈余的总和，加上投资股票巨大的保留盈余，以及该公司在保留盈余没有派发股息的情形下必须付出的税金预提部分。许多年以来，伯克希尔公司的保留盈余来自于惊人的股票投资报酬，包括可口可乐、联邦房屋贷款公司、吉列刮须刀公司、华盛顿邮报以及其他优质公司，到1997年，公司保留了惊人数额的盈余。不过根据现在的一般会计原则，伯克希尔公司还不能在损益表中公布其每股保留盈余。尽管如此，巴菲特指出，保留盈余还是有其明显的衡量价值的。

> 总体盈余法为价值投资者检验投资组合提供了一个指标。

巴菲特说："每一位投资人的目标就是建立可以在未来十几年还能产生最高总体盈余的投资组合。"

从 1965 年巴菲特领导伯克希尔公司以来，该公司的总体盈余一直与公司的股票价格同步增长。但是有的时候盈余会比价格先一步反映出来，尤其是当格雷厄姆口中的"市场先生"表现得较为低迷的时候。同样，有时价格又比盈余先反映出来。但是无论如何，彼此的关联性必须经过一个较长时期才会得到应有的反映。巴菲特说："这种方式会迫使投资人思考标的公司的长期远景，而不只是去炒作短线题材，如此操作，成绩才会大有进步。"

作为一般投资者，在对未来的盈余状况进行评估时，投资者们应当首先研究过去。许多投资实践表明，一个公司增长的历史记录是其未来走向的最可靠的指示器。这种思路可以帮助你了解你所研究的对象，它是一个像默克那样的稳定增长的公司，还是一个像英科那样的高负债的周期性增长的公司。

可是，在数千家上市公司中，仅有一小部分实现了这样的稳定程度。其中包括艾博特实验室、默克公司、菲利浦·莫里斯、麦当劳、可口可乐、埃默森电气，自动数据处理以及沃尔格林公司等。如果你绘制了这些公司多年来利润增长图表，你就会发现一个几乎连续的趋势——无论在经济走强还是走弱的时期，利润都按着一个稳定的比率增长。能在相当长时期内保持这样的稳定水平的公司极有可能在将来做得同样好。

投资者们经常会犯这样的错误：他们对公司增长水平的推断超越了公司真实的增长率，并且他们假定一家公司能够突然地与过去一刀两断。实际上，你应当预期到一个相反的结果：或早或晚，公司的总体盈余最终会降下来，因为寻找新的市场、不断扩大销售会变得更加困难。

例如，设想一下在过去的 10 年间每一年的利润增长都保持在 12% ～ 14% 之间。你可以合理地推断出公司在下一个 10 年间将保持一个平均的增长率 (13%)。因此，你可以相当快地计算出公司的真实价值，因为你已经估计出关键的要素——未来的利润——并且具有相当高的可信性，如下表所示。

稳定增长的公司

	每股盈利	增长率
2000	$ 11.50	13%
2001	$ 13.00	13%
2002	$ 14.69	13%
2003	$ 16.60	13%
2004	$ 18.76	13%
2005	$ 21.20	13%
2006	$ 23.95	13%
2007	$ 27.07	13%
2008	$ 30.59	13%
2009	$ 34.56	13%

在 10 年间，我们假想的公司每股的盈利增长 11 倍多。如果投资者为 2009 年的股票设定一个同 2000 年相同的市盈率，股价也同样会上涨 11 倍多。如果公司在过去具有很高的稳定性，那么公司未来的盈利与你的预测相吻合的可能性就会很高。

通过计算过去的平均利润，你可以获得一个更加合理的定价，并且可以避免把那些无法持续的增长趋势延伸至将来。这样的情况太多了，投资者们疯狂地追逐像英科这样的公司，因为它的每股盈利达到了 5 美元，但是却忘记了在某一时刻它的利润率注定要迅速下降。运用平均利润的另一个好处就是，你不必去预测未来经济的运行状况，只需估算企业的总体盈余水平。

巴菲特提醒您

> 一家公司如果在过去的 25 年间一直保持着 10% 的利润增长率，那么在未来它不大可能远离这种水平。能否在经历了经济衰退、高利率以及股市崩盘后仍然保持同样的增长轨迹，是对公司发展能力的一种检验。

‖ 投 资 课 堂 ‖
如何计算每股盈余

每股盈余是指税后利润与发行在外普通股数的比率，反映普通股股东所持股份中每股应分享的利润。显然，这一比率越高越好，比率越高，每一股可得的利润越多，股东投资收益越好，反之越差。其计算公式如下：每股盈余 =（税后纯益 － 特别股股利）/ 发行在外普通股股数。每股盈余弥补了股东仅知道每股所获股利而不了解盈利全面情况的不足。同时，这一指标也直接关系到股票价格的升跌。

利用现金流量进行评估

内在价值是一个非常重要的概念，它为评估投资和企业的相对吸引力提供了唯一的逻辑手段。内在价值的定义很简单，它是一家企业在其余下的寿命中可以产生的现金流量的贴现值。

——巴菲特

没有准确的价值评估，巴菲特也无法确定应该以什么价格买入股票才划算。巴菲特认为现金流量是进行价值评估的最好方法。

> 要进行准确的价值评估，必须进行以下 3 种正确的选择：
>
> 第一，选择正确的估值模型——现金流量贴现模型。
>
> 第二，选择正确的现金流量定义和贴现率标准。
>
> 第三，选择正确的公司未来长期现金流量预测方法。

一、选择正确的估值模型——现金流量贴现模型

准确进行价值评估的第一步是选择正确的估值模型。巴菲特认为，唯一正确的内在价值评估模型是 1942 年约翰·伯尔·威廉姆斯提出的现金流量贴现模型。

"在写于 50 年前的《投资价值理论》中，约翰·伯尔·威廉姆斯提出了价值计算的数学公式，这里我们将其概括为：今天任何股票、债券或公司的价值，取决于在其资产的整个剩余使用寿命期间预期能够产生的、以适当的利率贴现的现金流入和流出。请注意这个公式对股票和债券来说完全相同。尽管如此，两者之间有一个非常重要的，也是很难对付的差别：债券有一个息票和到期日，从而可以确定未来现金流。而对于股票投资，投资分析师则必须自己估计未来的'息票'。另外，管理人员的能力和水平对于债券息票的影响甚少，主要是在管理人员无能或不诚实，导致暂停支付债券利息的时候才有影响。与债券相反，股份公司管理人员的能力对股权的'息票'有巨大的影响。"

其实，关于股票的价值评估方法有很多种，那么，巴菲特为什么认为贴现现金流量模型是唯一正确的估值模型呢？只有贴现现金流量模型才能比较准确地评估具有持续竞争优势的企业的内在价值。而且它是最严密、最完善的估值模型。这是因为：

1. 该模型是建立在对构成公司价值的业务的各个组成部分创造的价值进行评估的基础上，计算公司权益价值。这样可以使投资者明确和全面了解公司价值的来源、每项业务的情况及价值创造能力。

2. 公司自由现金流量的多少反映了竞争优势水平的高低，产生自由现金流量的期限与竞争优势持续期相一致，资本成本的高低也

反映了竞争中投资风险的高低。

3. 该模型非常精密，能处理大多数的复杂情况。

4. 该模型与多数公司熟悉的资本预算编制过程相一致，计算也比较简单，易于操作。

二、选择正确的现金流量定义和贴现率标准

准确进行价值评估的第二步是选择正确的现金流量定义和贴现率标准。

巴菲特认为："今天任何股票、债券或公司的价值，取决于在资产的整个剩余使用寿命期间预期能够产生的，以适当的利率贴现的现金流入和流出。"也许你会因此认为巴菲特使用的内在价值评估模型与我们在财务管理课程中学习的现金流量贴现模型完全相同。实际上二者具有根本的不同。

巴菲特认为通常采用的"现金流量等于报告收益减去非现金费用"的定义并不完全正确，因为这忽略了企业用于维护长期竞争地位的资本性支出。

巴菲特并没有采用常用的加权平均资本成本作为贴现率，而采用了长期国债利率，这是因为他选择的企业需要具有长期持续竞争优势。

三、选择正确的公司未来长期现金流量预测方法

可以肯定的是，投资人要得出一个证据充分的正确结论，需要对公司经营情况有大致的了解，并且需要具备独立思考的能力。但是，投资者既不需要具备什么出众的天才，也不需要具备超人的直觉。在很多时候，即使是最聪明的投资人都没有办法提出确凿的证据，即使是在最宽松的假设下仍是如此，这种不确定性在考察新成立的企业或是快速变化的产业时经常发生。在这种非常不确定的情况下，任何规模的投资都属于投机。

正是基于这些原因，巴菲特认为，防止估计未来现金流量出错有两个保守却可行的办法：能力圈原则与安全边际原则。"尽管用来评估股票价值的公式并不复杂，但分析师，即使是经验丰富且聪明

智慧的分析师在估计未来现金流时也很容易出错。在伯克希尔，我们采用两种方法来对付这个问题。第一，我们努力固守于我们相信可以了解的公司。这意味着他们的业务本身通常具有相当简单且稳定的特点，如果企业很复杂而产业环境也在不断变化，那么，我们就实在是没有足够的聪明才智去预测其未来的现金流量。碰巧的是，这个缺点一点也不会让我们感到困扰。对于大多数投资者而言，重要的不是他到底知道什么，而是他们真正明白自己到底不知道什么。只要能够尽量避免犯重大的错误，投资人只需要做很少几件正确的事情就足可以保证盈利了。第二，亦是同等重要的，我们强调在我们的买入价格上留有安全边际。如果我们计算出一只普通股的价值仅仅略高于它的价格，那么，我们不会对买入它产生兴趣。"

总的说来，利用现金流量进行评估是股票价值评估中非常重要的参数，其选择是否恰当将对评估结果和投资判断产生巨大的影响。关于贴现率（在学术研究中大多称为资本成本）存在非常激烈的争论，单单看看关于资本成本研究文献的巨大数量就会让你对财务学家的辛勤劳动产生崇高的敬意，也对其研究成果在投资中应用效果的微不足道非常吃惊。

巴菲特之所以认为利用现金流量评估是简单有效的，是因为：

第一，巴菲特把一切股票投资都放在与债券收益的相互关系之中来看待。如果他在股票上无法得到超过债券的潜在收益率，那么，他会选择购买债券。因此，他的公司定价的第一层筛选方法就是设定一个门槛收益率，即公司权益投资收益率必须能够达到政府债券的收益率。

第二，巴菲特并没有浪费精力试图去为他研究的股票分别设定一个合适的、唯一的贴现率。每个企业的贴现率（资本成本）是动态的，它们随着利率、利润估计、股票的稳定性以及公司财务结构的变化而不断变动。对一只股票的定价结果，与其做出分析时的各种条件紧密相关。但是几天之后，可能会出现新的情况，迫使一个分析家改变贴现率，并对公司做出不同的定价。为了避免不断地修改模型，巴菲特总是很严格地保持他的定价参数的一致性。

第三，如果一个企业没有任何商业风险，那么，他的未来盈利就是完全可以预测的。在巴菲特眼里，可口可乐、吉列等优秀公司的股票就如同政府债券一样毫无风险，因此，应该采用一个与国债利率相同的贴现率。

巴菲特提醒您

自由现金现量贴现模型是理论上最严密、实践中最完善的公司价值评估模型，它完全适用于持续竞争优质企业。

‖ 投 资 课 堂 ‖
计算自由现金流量的正确方法

所有者收益与现金流量表中根据会计准则计算的现金流量最大的不同是包括了企业为维护长期竞争优势地位的资本性支出。

"所有者收益包括：a 报告收益，加上 b 折旧费用、折耗费用、摊销费用和某些其他非现金费用，减去 c 为维护其长期竞争地位和单位产量而用于厂房和设备的年平均资本性支出，等等。（如果这家需要追加流动资金维护其长期竞争地位和单位产量，那么追加部分也必须包含在 c 中。但是，如果单位产量不变，那么采用后进先出存货计价方法的企业通常不需要追加流动资金。）"

每个看过企业现金流量表的投资人都会发现：根据会计准则编制的现金流量表中计算的现金流量数值，只是 a，加上 b，却没有减去 c。事实上，现金流量表中的现金流量数值其实高估了真实的自由现金流量，所有者收益才是对企业长期自由现金流量的准确衡量尺度。尽管由于年平均资本性支出只能估计导致所有者收益计算并不精确，但大致的正确估计远胜于精确的错误计算。

运用概率估值

　　用亏损概率乘以可能亏损的数量，再用收益概率乘以可能收益的数量，最后用后者减去前者。这就是我们一直试图做的方法。

——巴菲特

**　　在投资中，概率的运用提高了预测的准确性，降低了投资的风险。**

　　如果我们说股票市场是一个无定律的世界，那么此话就过于简单了。在这个世界里成千上万的力量结合在一起才产生出了各种股票价格，这些力量随时处于变动状态，任何一股力量对股票价格都会产生影响，而没有任何一股力量是可以被准确地预测出来的。投资人的工作就是正确评估各种股票价格变化的可能性，判断股票价格变化带来的损失与收益，并从中选择最具有投资价值的股票。

　　不管投资者自己是否意识到了，几乎所有的投资决策都是概率的运用。巴菲特的投资决策也应用了概率论，并巧妙地加进了自己的理解。

　　巴菲特说："先把可能损失的概率乘以可能损失的量，再把可能获利的概率乘以可能获利的量，然后比较两者。虽然这方法并不完美，但我们会尽力而为。"

　　要把概率理论应用到实际投资当中去，还需要对数字计算的方法有更深刻的理解。

　　掷硬币猜中头像一面的概率为1/2，这意味着什么呢？或者说掷骰子单数出现的概率为 1/2，这又是什么意思呢？如果一个盒子里装有 70 个绿色大理石球，30 个蓝色大理石球，为什么蓝色大理石球被选出的概率为 3/10？上面所有的例子在概率发生事件中均被称为频率分析，它是基于平均数的法则。

如果一件不确定事件被重复无数次，事件发生的频率就会被反映在概率中。例如，如果我们掷硬币 10 万次，预计出现的头像的次数是 5 万次。注意我没有使用它将等于 5 万次。按无限量大的原理，只有当这个行为被重复无数次时，它的相对频数与概率才趋向于相等。从理论上讲，我们知道投掷硬币得到"头像"这一面的机会是 1/2，但我们永远不能说两面出现的机会相等，除非硬币被掷无数次。

澄清投资与概率论之间的联系的一个有用例证是风险套购的做法。

根据《杰出投资家文摘》的报道，巴菲特对风险套购的看法与斯坦福商学院的学生的看法是相同的。巴菲特解释道："我已经做了 40 年的风险套购，我的老板格雷厄姆在我之前也做了 30 年。"风险套购从纯粹意义上讲，不过是从两地不同市场所报的证券差价中套利的做法。比方说，同种商品和货币在全世界不同的市场上报价，如果两地市场对同种商品的报价不同，你可以在这个市场上买入，在另一个市场上卖出，并将这其中的差额部分装入自己的腰包。

风险套购已成为目前金融领域普遍采用的做法，它也包括对已宣布并购的企业进行套购。但对此巴菲特说："我的职责是分析这些（已宣布并购）事件实际发生的概率，并计算损益比率。"

巴菲特常运用主观概率的方法来解释自己的决策过程。巴菲特说："如果我认为这个事件有 90% 的可能性发生，它的上扬幅度就是 3 美元，同时它就有 10% 的可能性不发生，它下挫的幅度是 9 美元。用预期收益的 2.7 美元减去预期亏损的 0.9 美元就得出 1.8 美元（$3 \times 90\% - 9 \times 10\% = 1.8$）的数学预期收益。"

接下来，巴菲特认为必须考虑时间跨度，并将这笔投资的收益与其他可行的投资回报相比较。如果你以每股 27 美元的价格购买阿尔伯特公司的股票，按照巴菲特的计算，潜在收益率为6.6%(1.8美元除以27美元)。如果交易有望在6个月内实现，那么投资的年收益率就是13.2%。巴菲特将会把这个风险套购收益率同其他风险投资收益进行比较。

通常，风险套购会隐含着潜在损失。巴菲特承认："拿套利作为例子，其实我们就算在获利率非常确定的并购交易案中亏损也无所谓，但是我们不愿意随便进入一些预期损失概率很大的投资机会。为此，我们希望计算出预期的获利概率，从而能真正成为决定是否投资此标的的唯一依据。"

由以上我们看出，巴菲特在风险套利的概率评估上是相当主观的。风险套利并无实际获利频率可言，因为每一次交易都不同，每一种情况都需要做出不同的独立评估。但即使如此，理性的数学计算仍能显示出风险套利交易中的获利期望值高低。

> 从以上我们可以总结出如何在投资中运用概率论：
> 1. 计算概率；
> 2. 根据新的信息调整概率；
> 3. 随着概率的上升，投资数量也应加大；
> 4. 只有当成功的概率完全对你有利时才投资。

不管投资者自己是否意识到了，几乎所有的投资决策都是概率的应用。为了成功地应用概率原理，关键的一步是要将历史数据与最近可得的数据相结合。

但是，也有投资者会认为，巴菲特的投资战略之所以有效是因为他有这个能力，而对那些没有这种数学能力的一般投资者，这个战略就无效。实际上这是不对的。实施巴菲特的投资战略并不需要投资者学习高深的数学。在一次由《杰出投资家文摘》报道的在南加州大学的演讲中，巴菲特的好友、伯克希尔公司的副主席蒙格解释道："这是简单的代数问题，学起来并不难。难的是在你的日常生活中几乎每天都应用它。费马·帕斯卡定理(即概率理论)与世界的运转方式是完全协调的。它是基本的事实，所以我们必须掌握这一技巧。"

那么，我们在投资中努力学习概率论是否值得呢？答案是肯定的。因为巴菲特的成功就与其概率计算能力有密切的联系。假如投资者也能学会从概率的角度思考问题，你从此就会踏上获利之路，并能从自身的经验中吸取教训。

巴菲特提醒您

用概率来思考，不管是主观概率还是客观概率，都使投资者对所要购入的股票进行清醒和理智的思索。

第三章

核心估值技巧

找出价格与价值的差异

来自"格雷厄姆与多德部落"的投资者共同拥有的投资核心是：利用企业整体的价值与代表该企业一小部分权益的股票市场价格之间的差异。

——巴菲特

没有找到价格与价值的差异，你就无法确定以什么价位买入股票才合适。

内在价值是一家企业在其存续期间可以产生的现金流量的贴现值。但是内在价值的计算并非如此简单。正如我们定义的那样，内在价值是估计值，而不是精确值，而且它还是在利率变化或者对未来现金流的预测修正时必须相应改变的估计值。此外，两个人根据完全相同的一组事实进行估值时，几乎总是不可避免地得出至少是略有不同的内在价值的估计值。

正如巴菲特所说："价值评估，既是艺术，又是科学。"

巴菲特承认："我们只是对于估计一小部分股票的内在价值还有点自信，但这也只局限于一个价值区间，而绝非那些貌似精确实为谬误的数字。"

1984 年，巴菲特在哥伦比亚大学纪念格雷厄姆与多德合著的《证券分析》出版 50 周年的庆祝活动中发表演讲时指出，人们在投资领域会发现绝大多数的"掷硬币赢家"都来自于一个极小的智力部落，他称之为"格雷厄姆与多德部落"。这个特殊智力部落有着许多持续战胜市场的投资大赢家，这种非常集中的现象绝非"巧合"二字可以解释。巴菲特概括了"格雷厄姆与多德部落"超级投资者的共同特征，这些共同特征也正是价值投资的基本内涵：寻找价值与价格的差异。

投资者要做的也是寻找企业整体的价值与代表该企业一小部分权益的股票市场价格之间的差异，并且利用他们两者之间的差异。

> 从长期来看，价格与价值之间存在着完美的对应关系。任何资产的价格最终都能找到其真实的内在价值基础。

价格和价值之间的关系适用于股票、债券、房地产、艺术品、货币、贵金属甚至整个美国经济——事实上所有资产的价值波动都取决于买卖双方对该资产的估价。一旦你理解了这一对应关系，你就具有了超越大多数个人投资者的优势，因为投资者们常常忽略价格与价值之间的差异。

从 20 世纪 20 年代中期到 1999 年，道氏工业指数以年 5.0% 的复利率（按保留红利计息）增长。而同一时期，30 种道氏工业指数公司的收入增长率为 4.7%。但是，从账面上看，这些公司的价值年增长率为 4.6%。两个增长率如此一致并非偶然。

从长期来看，公司股票的市场价值不可能远超其内在价值增长率。当然，技术进步能够改善公司效率并能导致短时期内价值的飞涨。但是竞争与商业循环的特性决定了公司销售、收入与股票价值之间存在着直接的联系。在繁荣时期，由于公司更好地利用了经济规模效益和固定资产设施，收入增长可能超越公司销售增长。在衰退时期，由于固定成本过高，公司收入也比销售量下降得更快（意味着公司的效率不充分）。

但是，在实际操作中，股价似乎远远超过了公司的实际价值或者说预期增长率。实际上，这种现象不可能维持下去。股价与公司价值之间出现的断裂必须得到弥补。

如果理性的投资者拥有充分的信息，股票价格将会长期维持在公司的内在价值水平附近。然而在过热的市场中，当投资者似乎愿意为一只股票支付所有家当的时候，市场价格将被迫偏离真实价值，华尔街便开始接受这只股票被高估这一非一般性的高增长率，同时忽略了其他长期稳定的趋势。

当把市场运动的趋势放在整个经济背景中去考察时，价格与价值之间的差异就显得极为重要。投资者绝不能购买那些价格高于公司长期增长率水平的股票，或者说，他们应当对那些价格上涨幅度超过公司价值增加幅度的股票敬而远之。尽管精确估计公司真实价值十分困难，但用以估价的数据仍然能够得到。例如，假如股票价格在某一时期内增长了50%，而同时期公司收入只有10%的增长率，那么股票价值很可能被高估，从而注定只能提供微薄的回报。相反，股票价格下跌而公司收入上升，那么应当仔细地审视收购该股票的机会。如果股票价格直线下降，而价格收入比低于公司预期增长率，这种现象或许就可以被看作是买入的信号。

股票价格最终会回归其价值，如果投资人利用价格和价值的差异，在价值被低估时买入股票，投资人将会从中获利。

巴菲特提醒您

投资者所面临的最大陷阱就是价格与价值的背离，就是从众效应。如果你希望通过预测他人的交易而致富，你必须力图去设想无数的他人都想达到什么目标，然后在市场上做得比你的所有竞争对手都好。

拥有安全边际

安全边际概念可以被用来作为试金石，以助于区别投资操作与投机操作。

——格雷厄姆

根据安全边际进行的价值投资，风险更低、收益却更高。

格雷厄姆告诉他的学生巴菲特两个最重要的投资规则：

第一条规则：永远不要亏损。

第二条规则：永远不要忘记第一条。

巴菲特始终遵循导师的教诲，坚持"安全边际"原则，这是巴菲特永不亏损的投资秘诀，也是成功投资的基石。

巴菲特的导师格雷厄姆认为，"安全边际"是价值投资的核心。尽管公司股票的市场价格涨落不定，但许多公司具有相对稳定的内在价值。股票的内在价值与当前的交易价格通常是不相等的。基于安全边际的价值投资策略是指投资者通过公司的内在价值的估算，比较其内在价值与公司股票价格之间的差价，当两者之间的差价达到安全边际时，可选择该公司股票进行投资。

寻找真正的安全边际可以由数据、有说服力的推理和很多实际经验得到证明。在正常条件下，为投资而购买的一般普通股，其安全边际即其大大超出现行债券利率的预期获利能力。

格雷厄姆指出："股市特别偏爱投资于估值过低股票的投资者。首先，股市几乎在任何时候都会生成大量的真正估值过低的股票以供投资者选择。然后，在其被忽视且朝投资者所期望的价值相反方向运行相当长时间以检验他的坚定性之后，在大多数情况下，市场总会将其价格提高到和其代表的价值相符的水平。理性的投资者确实没有理由抱怨股市的反常，因为其反常中蕴涵着机会和最终的利润。"

实质上，从根本上讲，价格波动对真正的投资者只有一个重要的意义：当价格大幅下跌后，提供给投资者低价买入的机会；当价格大幅上涨后，提供给投资者高价卖出的机会。

如果忽视安全边际，即使你买入了非常优秀的企业的股票，如果买入价格过高，也很难盈利。

即便是对于最好的公司，你也有可能买价过高。买价过高的风险经常会出现，而且实际上现在对于所有股票，包括那些竞争优势未必长期持续的公司的股票，这种买价过高的风险已经相当大了。投资者需要清醒地认识到：在一个过热的市场中买入股票，即便是一家特别优秀的公司的股票，可能也要等待一段更长的时间后，公司所能实现的价值才能增长到与投资者支付的股价相当的水平。

> 安全边际是投资中最为重要的。它能够：
> 1. 降低投资风险。
> 2. 降低预测失误的风险。

投资者在买入价格上如果留有足够的安全边际，不仅能降低因为预测失误引起的投资风险，而且在预测基本正确的情况下，可以降低买入成本，在保证本金安全的前提下获取稳定的投资回报。

根据安全边际进行价值投资的投资报酬与风险不成正比而成反比，风险越低往往报酬越高。

在价值投资法中，如果你以60美分买进1美元的纸币，其风险大于以40美分买进1美元的纸币，但后者报酬的期望值却比较高。以价值为导向的投资组合，其报酬的潜力越高，风险却越低。

1973年，华盛顿邮报公司的总市值为8000万美元，在这一天，你可以将其资产卖给10位买家中的任何一位，而且价格不低于4亿美元，甚至还可以更高。该公司拥有《华盛顿邮报》、《新闻周刊》以及几家重要的电视台，这些资产目前的价值为20亿美元，因此愿意支付4亿美元的买家并非疯子。现在如果股价继续下跌，该企业的市值从 8000 万美元跌到 4000 万美元。更低的价格意味着更大的风险，事实上，如果你能够买进好几只价值被严重低估的股票，而且你精通于公司估值，那么以 8000 万美元买入价值 4 亿美元的资产，尤其是分别以 800 万美元的价格买进 10 种价值 4000 万美元的资产，基本上毫无风险。因为你无法直接管理 4 亿美元的资产，所以你希望能够确定找到诚实且有能力的管理者，这并不困难。同时你必须具有相应的知识，使你能够大致准确地评估企业的内在价值，但是你不需要很精确地评估数值，这就是你拥有了一个安全边际。你不必试图以 8000 万美元的价格购买价值 8300 万美元的企业，你必须让自己拥有很大的安全边际。

我们在买入价格上坚持留有一个安全边际。如果我们计算出一只普通股的价值仅仅略高于它的价格，那么我们不会对买入产生兴趣。我们相信这种"安全边际"原则——格雷厄姆尤其强调这一点——是投资成功的基石。

我们不是天才，也不完美，所以弄清自己所购买的每家企业的安全边际十分重要。如果得不到符合安全边际的价格，我们就不买。即使像巴菲特这样的天才也一定要有安全边际，你难道不认为我们更应当坚持吗？安全边界会使你在方法得当时大捞一笔。而当情况不妙时，它又会使你免受损失。

巴菲特提醒您

安全边际是对投资者自身能力的有限性、股票市场波动巨大的不确定性、公司发展的不确定性的一种预防和扣除。有了较大的安全边际，即使我们对公司价值的评估有一定的误差，市场价格在较长的时期内仍低于其价值，公司发展即便暂时受到挫折，也不会妨碍我们投资资本的安全性，并能保证我们取得最低程度的满意报酬率。

让我们看一下几只股票的安全边际价格

如果哈雷公司的标价为 50 美元，则安全边际价格就是 25 美元。如果以这一价格买到，就应当大量建仓！如果通用汽车公司的标价为 33 美元，则其安全边际价格就是 17 美元。2000 年时，戴尔公司的标价为 40 美元，安全边际价格为 20 美元，而实际售价为 40 美元，所以我们没有买，并不是因为这一价格不公平，而是因为其价格对我们来说还不够低廉，我们想要稳操胜券。一年后，戴尔公司股票的售价就是 20 美元了。坚持不懈就会获得回报。阿波罗公司的标价为 40 美元，安全边际价格为 20 美元。由于"市场先生"索价为 10 美元，所以我们做成了一笔十分可观的交易。

一些重要的价值评估指标

> 会计师的工作是记录，而不是估值。估值是投资者和经理人的工作。
>
> ——巴菲特

相对价值评估方法和基于资产的评估方法都不适用于持续竞争优势企业的价值评估。

在对股票进行价值评估时，我们也可以利用其他重要的价值评估指标：基于资产的价值评估方法和相对价值评估方法。

基于资产的价值评估方法是根据公司资产的价值来确定公司股票的价值。常用的评估方法有账面价值调整法、清算价值法、重置成本法。

一、账面价值调整法

最为简单直接的资产价值分析方法是根据公司提供的资产负债表中的账面价值进行估算。但账面价值法的一个明显缺点是：资产负债表中的资产和负债的账面价值很有可能不等于它们的市场价值。

1．通货膨胀使得资产的市场价值并不等于其历史成本价值减去折旧。

2．技术进步使得某些资产在其折旧期满或报废之前就已过时贬值。

3．由于公司形成的组织能力对各项资产有效的合理组合，公司多种资产组合的整体价值会超过各项单独资产价值之和，而这种组织能力的价值在公司账面上并没有反映。

因此，在进行资产价值分析时，需要对账面价值进行调整，以反映公司资产的市场价值。常用的调整方法有重置成本法、清算价值法。

二、清算价值法

清算价值法认为，公司价值等于公司对所有资产进行清算并偿还所有负债后的剩余价值。清算价值与公司作为持续经营实体的经营价值往往相差很大。如果公司处于衰退产业，公司盈利能力大幅度下滑，这时公司清算价值可能会大大高于公司经营价值。如果公司处于成长产业，公司盈利能力不断提高，这时公司清算价值可能会大大低于公司经营价值。

实际上，对于有活跃二手市场的相应资产，清算变卖价格就等于二手市场价格。但大多数资产并没有相应的二手市场，只能由评估师进行估算，而估算并不一定容易。同时，清算价值法也忽略了组织能力。而且只有在破产等少数极端情况下，公司才会花费大量时间和精力进行估算，清算变卖价值。

三、重置成本法

重置成本法是最常用的资产价值评估方法。将一项资产的盈利能力与其遥远的历史成本相联系很难，但与其当前的重置成本相联系却很容易。

确定重置成本的一种简单的、主要针对通货膨胀进行调整的方法，是选用一种价格指数，将资产购置年份的价值换算为当前的价值。但价格指数法并没有反映资产的过时贬值与资产价格的变化，所以更好的方法是，逐项对每一项资产进行调整，同时反映通货膨胀和过时贬值这两个因素的影响，以确定各项资产真正的当前重置成本。

重置成本法的最大不足是忽略了组织能力。公司存在的根本原因是：运用组织能力，按照一定的方式组合资产和人员，使公司整体的价值超过各项资产单独价值的总和。但重置成本法无论如何完美，也只能反映各项资产单独价值的总和，却忽略了公司组织能力的价值。

除了以上的基于资产的价值评估方法外，我们也可以利用相对价值评估方法。

> 相对价值评估方法是根据公司与其他"相似"公司进行比较来评估公司的价值。一般的方法是对公司的重要财务指标进行比较，常用的指标是市盈率、市净率、市销率等指标。

一、市盈率

市盈率是指股票市价与公司每股收益的比率，常用的是股票市价与未来一年公司每股收益的比率。

使用市盈率最容易的办法就是把它和一个基准进行比较，例如同行业中的其他公司、整个市场或者同一公司的不同时间点。一家公司以比它的同行低的市盈率交易可能是值得买的，但是要记住，即使相同行业的公司可能也有不同的资本结构、风险水平和增长率，所有这些都影响市盈率。所有其他因素相同的情况下，一个成长迅速、负债较少和再投资需求较低的公司，即便市盈率较高，也是值得投资的。

你也可以把一只股票的市盈率与整个市场的平均市盈率进行比较。你正在调查研究的公司也许比市场的平均水平增长更快（或者更慢），也许它更有风险（或者风险更低）。大体上，把一家公司的市盈率和同行业的公司或者与市场比较是有价值的，但是这些不是你可以依赖的最后决定买入或者卖出的方法。

把一只股票现在的市盈率和它的历史市盈率比较也是有用的，尤其对那些比较稳定的、业务没有经历大的变化的公司来说更是如此。如果你看到一家稳定的公司以大致相同的速度成长，同时和过去有大致一样的预期，但是它以一个比长期平均水平低的市盈率交易，你就可以开始关注它了。它有可能是风险水平或者业务前景有了变化，这是导致低市盈率的正当理由，也可能是市场以一个非理性的低水平给股票标价导致了低市盈率。

市盈率的优点是对于现金流来说，会计盈利能更好地取代销售收入的会计意义，而且它是比账面价值更接近市场的数据。此外，每股盈利数据是相当容易取得的，从任何财务数据中都可以得到，所以市盈率是一个容易计算的比率。

市盈率也有一个很大的缺点，例如，市盈率20是好还是坏，难以回答，使用市盈率只能在一个相对的基础上，这意味着你的分析可能被你使用的基准扭曲。

所以，让我们在一个绝对水平上考察市盈率。是什么导致一家公司有更高的市盈率？因为风险、成长性和资本需求是决定一只股票市盈率的基础，具有较高的成长性的公司应该有一个更高的市盈率，高风险的公司应当有一个较低的市盈率，有更高资本需求的公司应当有一个较低的市盈率。

二、市净率

市净率是指公司股票价格与每股平均权益账面价值的比率。这种投资理念认为固定的盈利或者现金流是短暂的，我们真正能指望的是公司当前有形资产的价值。巴菲特的导师格雷厄姆就是使用账面价值和市净率对股票进行估值的著名倡导者。

尽管市净率在今天还有某些效用，但是现在，很多公司通过无形资产创造价值，比如程序、品牌和数据库，这些资产的大部分是不能立刻计入账面价值的，特别是对于服务性企业，市净率没有任何意义。例如，如果你用市净率去给 eBay 公司估值，你将无法按照极少的账面价值去评估公司的市场垄断地位，因为无形资产是导致该公司如此成功的最大因素。市净率也可能导致你对一家像 3M 公司这样的制造业企业进行错误估值，因为 3M 公司的价值大部分来源于它的品牌和创新的产品，而不是来自工厂的规模和存货的质量。

因此，当你考察市净率的时候，要知道它与净资产收益率相关。一家相对于同行或市场市净率低且有高净资产收益率的公司可能是一个潜在的便宜货，但是在你单独使用市净率给股票估值之前，还要做某些深度挖掘工作。

不过，市净率在给金融性服务公司估值时是很好用的，因为大多数金融性公司的资产负债表上都有大量的流动性资产。金融性公司的好处是账面价值的资产是以市场价标价的，换句话说，它们每个季度按照市场价格重新估值，这就意味着账面价值与实际价值相当接近。（相反，一家工厂或者一块土地记录在资产负债表上的价值是公司支付的价格，这与资产的现值有很大的不同。）

只要你确信公司的资产负债表上没有巨额的不良贷款，市净率可能是一个筛选价值被低估的金融股的可靠路径。要牢牢记住金融类公司股票以低于账面价值交易（市净率低于 1.0）常常预示公司正在经历某种麻烦，所以在你投资之前要仔细研究这家公司的账面价值到底有多可靠。

三、市销率

市销率是用现在的股票价格除以每股的销售收入。市销率反映的销售收入比财务报表中的盈利更真实，因为公司使用的会计伎俩通常是想方设法推高利润（公司可能使用会计伎俩推高销售收入，但如果使用很频繁就容易被发现）。另外，销售收入不像利润那样不稳定，一次性的费用可能临时性地压低利润。对于处于经济周期底线的公司，一年到另一年中利润的这种变化可能非常显著。

通过把当前市销率与历史市销率比较，变化较小的销售收入使市销率在相对利润变化较大的公司进行快速估值方面变得更有价值。对于含金量不一的利润指标的评估，市盈率不能给我们很多帮助。但是在相同的时间段，销售收入没有如此多的变化，这就使市销率派上了用场。

可是，市销率也有一个大的缺点，销售收入的价值可能很小也可能很大，这取决于公司的盈利能力。如果一家公司披露有数十亿美元销售收入，但每一笔交易都亏损，我们盯住股票的市销率会比较困难，因为我们对公司将产生什么水平的收益没有概念。这是每天使用销售收入作为市场价值的代替的缺陷。

一些零售商是典型的毛利率较低的公司，也就是说它们只把每一美元销售收入中很小的比例转化成利润，市销率很低。例如，一家一般水平的杂货店在 2003 年中期的市销率是 0.4 左右，然而一个平均水平的医疗器材公司的市销率在 4.3 左右。造成这种巨大差别的原因不是杂货店毫无价值，而是因为一般水平的杂货店只有 2.5% 的销售净利率，而一般水平的医疗器材公司的销售净利率则在 11% 左右。一家杂货店的市销率如果达到 1.0，那一定是被可笑地高估了，但一家医疗器材制造商有同样的市销率将被认为是一只绝对便宜的股票。

尽管市销率在你研究一家利润变化较大的公司时可能是有用的，因为你可以比较当前的市销率和历史的市销率，但它不是你能够依赖的指标。尤其不要比较不同行业公司的市销率数据，除非这两个行业有水平非常相似的盈利能力。

总之，资产价值评估方法和相对价值评估方法都不适用于持续竞争优势企业，这是因为：持续竞争优势企业的根本特征是，以较少的资产创造更多的价值，其资产价值往往大大低于公司作为持续经营实体的经营价值。另外，持续竞争优势企业除了账面上反映的有形资产外，其品牌、声誉、管理能力、销售网络、核心技术等重要的无形资产却根本不会在账面上反映，也很难根据重置成本或清算价值进行评估。

　　还有，持续竞争优势企业的根本特征在于其具有与同行业其他企业根本不同的特点，从而具有超出产业平均水平的盈利能力，这种"不相似性"使我们很难根据行业平均市盈率（市净率、市销率）水平来确定持续竞争优势企业相对的合理市盈率（市净率、市销率）水平。因此，资产价值评估方法和相对价值评估方法从根本上都不适用于持续竞争优势企业价值的评估。

巴菲特提醒您

　　当经理们想要向你解释清楚企业的实际情况时，可以通过会计报表的规定来进行。但不幸的是，当他们想弄虚作假时，起码在一些行业，同样也能通过报表的规定来进行。如果你不能辨认出其中的差别，那么你就不必在资产管理行业中"混"下去了。

‖ **投 资 课 堂** ‖
研究市盈率时应关注的

　　当你研究市盈率时，把下面这些问题记在脑子里，你误用市盈率的可能性就会少很多。

　　1. 这家公司最近出售业务或者资产了吗？当你查看公司市盈率的时候，你必须确信它的盈利是有意义的。如果一家公司出售业务或者是出售了它在其他公司的投资，那么它的近期利润很可能是夸大的，因此才有了较低的市盈率。你不应当把对一家公司的估值建立在这样的基础上，在计算市盈率时你需要剥离出夸大的利润。

　　2. 盈利是真实的还是想象的？有两种不同的市盈率。一种是滚动的市盈率，这种市盈率是用过去4个季度的盈利价值计算的比率；另一种是预期市盈率，这种市盈率是用分析师估计的下一年盈利计算的比率。因为大多数公司的盈利一年比一年增长，预期的市盈率常常比滚动的市盈率要低，有时它会很明显地制约一些盈利迅速增长的公司。但是你常常会对未来盈利估计过于乐观，结果，当你认为公司的预期市盈率低而买入股票，并指望公司实现所预期的盈利时，情况往往并非如此。

3. 公司最近发生了一大笔非经常性费用吗？如果公司重组或者关闭工厂，利润可能会降低，这可能推高市盈率。出于估值的目的，把非经常性费用考虑进去，找到这家公司正常情况下的市盈率是有价值的。

4. 这家公司更有周期性吗？公司经过繁荣和低迷周期，需要引起投资者更多的注意。尽管你认为一家有很低市盈率的公司便宜，但这正是买入周期性股票的错误时机，因为它意味着该公司的利润在最近这段时间里已经达到高点，周期性意味着它很可能迅速下跌。对于周期性股票，你最好是在最近的循环高点判断下一个高点比现在是高还是低，并基于现在的市价，计算将出现在下一个高点的每股盈利的市盈率。

5. 这家公司把产生现金流的资产资本化还是费用化？我们知道，公司花费在研发上的费用将为股东创造价值。一家公司建造工厂生产产品，这些建厂的支出会通过逐步折旧在会计账上经过很多年分散承担。还有，一家公司通过投资研发新产品，把每一年花费的研发费用费用化。这两种情况下，盈利与市盈率很不一样。把资产费用化的公司可能有一个较低的盈利，而且，在任何一个特定年份它的市盈率都比把资产资本化的公司的市盈率高得多。

第四部分

该出手时就出手

——寻找最佳买点

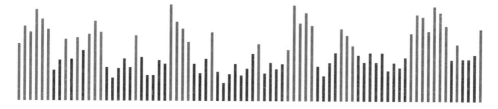

买价决定回报率的高低，买价越低于价值越安全。即使长线投资也是这样。巴菲特在投资过程中同样也十分重视买入的最佳时机。他还强调在买入股票上留有安全边际，而坚持"安全边际"是成功投资的基石。

对于普通投资者来说，寻找最佳买点，在合适的价位上买进是十分重要的。同样，我们也可适当掌握一些购买技巧，使我们买入的股票真正做到"物超所值"。

我们不是天才，也不完美，所以找到最佳的买点十分重要。如果找不到最佳的买点，我们可以选择不买。

第一章

何时买进最好

在有吸引力的价位时买进

你应该先决定想进入的行业，并在一个能使你获利的适当价位时买进。

——巴菲特

有吸引力的价位是在价格远远低于其实质价值时。

一般说来，投资经纪人会尽可能提高股票的价格以从中获利，所以，一般投资者几乎买不到廉价的股票。而发行的股票也是以最可能的高价来定价，使发行公司得以借股票的发行获得最多的金钱，投资的银行也能收到最多的佣金。那些打电话给投资人的股票经纪人都是佣金掮客，就像所有的掮客一样，他们只对能销售到最高价的项目感兴趣。

证券经纪人往往将买什么与用什么价钱买的问题混杂成一个令人迷惑的难题，将投资人的注意力集中在买什么的问题上，而完全忽略价格问题。就像珠宝或艺术品的推销员，把形式美学放在功能问题之前，华尔街经纪人也认为一个企业的财务具有美学品质，并成功地将价格与实体混为一谈。巴菲特说："他们绝不会打电话告诉你：某某公司是家很棒的公司，但它的价格太高了。事实上，如同众所皆知的，他们或许真的认为值得以任何价格收购某某公司的股票，但如果我们也加入这个游戏，那么我们就跟他们一样笨。"

值得谨慎思考的是，股票经纪人试图卖给你的是股票价格上扬的前景。所以你在投资时应像巴菲特一样，从商业观点出发。要反复询问的，不是正在上扬的股票价格而是所投资的行业是否能赚钱，能赚多少？一旦这些数字确定了，股价所能给予的利润就能计算出来。

巴菲特指出，将注意力集中在容易了解和具有持久的经济基础，且把股东放在第一位的管理者所管理的公司上，并不一定能保证成功。首先，他必须以合理的价格购买，同时公司必须符合他对企业的期望。巴菲特承认，如果我们犯错通常是因为下面 3 个地方出了问题：一是我们所支付的价格；二是我们所参与的经营管理；三是企业未来的经济状况。他指出，错误的估计经常发生在第 3 个原因上。

巴菲特的意图是，不但要辨认出可以赚得高于平均收益的公司，还要在价格远低于其实质价值时购买这些企业。只有在价格与价值之间的差异高过安全边际的时候才购买股票。

如果你所计算的企业价值，高于它的每股价格，则不要购买该股票。如果公司的实质价值因为错估未来的现金流量而有些许下降，股票价格终究也会下跌，甚至低于你所购买时的价钱。但是，如果存在于购买价格与公司实质价值之间的差价足够大，则实质价值下跌的风险也就比较低。假设你以实质价值的 7.5 折购买一家公司，但随后该公司的价值下跌了 10 个百分点，他最初的购买价格仍然会为你带来适当的回报率。

如果你正确地辨别出一个拥有高经济回报率的公司，长期之后，该公司的股价将会稳定地攀高，反映出它的回报率。股东权益回报率持续维持在 15% 的公司，它股价的上涨程度将会超过股东权益回报率 10% 的公司。不仅如此，如果你能够在远低于实质价值的价格下收购这个杰出的企业，你将会在市场价格进行修正的时候，额外地大赚一笔。巴菲特说："交易市场就像上帝一样，帮助那些自助者。但是和上帝不同的是，交易市场不会原谅那些不知道自己在做什么的人。"

1994 年下半年，甘尼特公司的股票价格在 45 美元至 50 美元之间徘徊。巴菲特的平均买入成本为每股 48 美元。假设增长率为12%，巴菲特买入价为甘尼特公司股票内在价值的 60%。若增长率为 10%，则为内在价值的 54%。无论如何，都有安全收益的空间。

对甘尼特公司的投资是巴菲特的经典投资之一。由于甘尼特公司的状况符合巴菲特的投资准则，当其他人认为传媒业前景不妙而大量抛售报业公司的股票时，巴菲特却入市购进，并再次稳操胜券。

在有吸引力的价位上买进，这个"有吸引力"是相比较于实质价值而言的。

> 在价格远远低于其实质价值时，你可以毫不犹豫地买进。

显然，关心股价成本能够使投资者扩大其收入。无论什么时期，在有吸引力的价位上买入股票将使投资的最终收益相差 30%～45%。当然，任何人都不可能确切地知道到底什么价位才算有吸引力的价位。只有在回顾历史数据时我们才能确定股市的低点和高点。但事实似乎表明，在股市下跌期间购买股票比在股市上涨期间购买股票要有利得多。你不必一定要恰好买到股价的最低点，有趣的是这些结论在各种市场环境下都可以得到。无论是牛市还是熊市，股市中都会有许多稍纵即逝的短期交易的时机能够使投资者扩大其收益。投资者应当充分利用这些机会。

巴菲特提醒您

购买被低估的股票能够使投资者得到更多的回报，而投资者用什么标准和方法寻找这些股票并没有什么区别。购买这些被低估的股票将获得超过市场平均水平的回报。

‖ 投 资 课 堂 ‖
低价购买的惊人利益

股市上那句经典的格言"低买高卖"哪儿去了？有些投资者都是在"高买，然后希望更高卖"。

无论应用什么方法，经济实用的行动将带来高额的收益。投资者们常常失去理性，并且经常为那些具有迷惑性的股票付出更高的价格，也常常盲从大众。他们还具有规避价值下降的股票的心理倾向。在建立起对价值的清醒认识之前，投资者很难对股价成本具有清醒的认识；若没有对公司价值进行过细心的分析，投资者也很难对价值这一概念有清醒的认识。一般说来，对所投资公司的前景有理性认识的投资者以及考虑以适当价位买进的投资者，与普通投资者相比，他们更有优势。

无论你要购买高增长的科技股，还是低价格收入比的股票，抑或把资金投向其他股票，历史经验都表明"低买"是最佳选择。假定投资者自1970年起每年年初向道·琼斯工业指数中的公司投资5000美元，到1999年末，这些投资将成长为112万美元，相当于每年9%的利息率。如果投资者恰恰在每年股价的最高点进行投资，或许最终收入仍然是这一数字。这是因为经验表明，每年的年末前后，股票价格往往会达到其当年的最高点。

行情下跌时买入

市场狂跌是以较大安全边际低价买入股票的最好时机。

——巴菲特

每次股市受挫，如果你双脚都跳的话，你就赚了大钱。

"买跌"理念比任何其他可以想到的策略都更优越。

股价的不断变化造成股市的波动。股市基于其对经济发展的反映的预期变化而运动。尽管在 1929 年后股市持续低迷 4 年多，1977 年后低迷 5 年多，但大多数市场下跌都是较为短期的，许多时候只有 4～6 个月。

虽然一个人不能预测股市波动，但几乎所有对股票市场历史略有所知的人都知道，一般而言，在某些特殊的时候，能够很明显地看出股票价格是过高还是过低了。其诀窍在于，购买行为在股市过度狂热时，只有极少的股票价格低于其内在价值的股票可以购买。而在股市过度低迷时，可以购买的股票价格低于其内在价值的股票如此之多，以至于投资者因为财力有限而不能充分利用这一良机。

> 市场下跌使买入股票的成本降低，所以是好的买入时机。

巴菲特曾说："有时候股票市场让我们能够以不可思议的低价买到优秀公司的股票，买入价格远远低于买下整家公司取得控制权时的协议价格。例如，我们在 1973 年以每股 5.63 美元买下《华盛顿邮报》的股票，该公司在 1987 年的每股盈利是 10.30 美元。同样，我们分别在 1976 年、1979 年与 1980 年以每股 6.67 美元的平均价格买入 GEICO 股票，到了 1986 年其每股税后营业利润为 9.01 美元。在与上述案例类似的情况下，'市场先生'实在是一位非常大方的好朋友。"

巴菲特在 1996 年伯克希尔公司股东手册中指出："我们面临的挑战是要像我们现金增长的速度一样不断想出更多的投资主意。因此，股市下跌可能给我们带来许多明显的好处。首先，它有助于降低我们整体收购企业的价格；其次，低迷的股市使我们下属的保险公司更容易以有吸引力的低价格来买入卓越企业的股票，包括在我们已经拥有的份额基础上继续增持；第三，我们已经买入其股票的那些卓越企业，如可口可乐、富国银行，会不断回购公司自身的股票，这意味着，他们公司和我们这些股东会因为他们以更便宜的价格回购而受益。总体而言，伯克希尔公司和它的长期股东们从不断下跌的股票市场价格中获得更大的利益，这就像一个老饕从不断下跌的食品价格中得到更多实惠一样。所以，当市场狂跌时，我们应该有这种老饕的心态，既不恐慌，也不沮丧。对伯克希尔公司来说，市场下跌反而是重大利好消息。"

不过令人惊讶的是，这些曾经轰动一时的重大事件却从未让格雷厄姆的投资原则表现出些微的缺陷，也从没有让以合理的价格买进优秀的企业出现什么失误。"想象一下，若是我们因为这些莫名的恐惧而延迟或改变我们对资金的配置使用，将会使我们付出多少的代价。事实上，我们通常都是利用某些重大宏观事件导致市场悲观气氛到达顶点的时机，才找到最好的买入机会。恐惧是盲从者的敌人，但却是基础分析者的朋友。在往后的30年间，一定还会有一连串令人震惊的事件发生，我们不会妄想要去预测它或是从中获利，如果我们还能够像过去那样找到优良的企业，那么从长期而言，外界的意外事件对我们的影响实属有限。"

只有股市极度低迷，整个经济界普遍悲观时，获取超级投资回报的投资良机才会出现。

回顾1973～1974年美国股市大萧条时期伯克希尔公司所有的投资业务，人们会发现，巴菲特在疯狂地买入股票。他抓住了市场过度低迷而形成的以很大的安全边际买入股票的良机，获得了巨大的利润。

他所持有证券之一的联合出版公司，在1973年内盈利率增长了40%，但是该企业一度曾以10美元/股上市的股票，在一个月内持续下跌到7.5美元/股，已经低于5倍市盈率了。在人们开始怀疑市场或企业是否有任何失误之处时，巴菲特却坚信自己比别人更了解该企业的内在价值。1974年1月8日那天，他又买进了联合出版公司的股票，11日、16日再次买进。在2月13日、15日、19日、20日、21日、22日连续多次进入市场买进。1974年中有107天他都在不断地买进。

作为投资者，尤其是当下跌由股市调整所致时，买跌是一个合理的策略。当然，股市可能会继续调整，进入熊市，但这通常不会发生。大多数调整很快会停止，市场恢复。市场引起的个股价格波动给投机者与投资者都带来了机会。这些机会通常不会持续太长时间，因此，投资者应当分析目标并选股，然后迅速行动。

巴菲特提醒您

大多数人都是对别人都感兴趣的股票感兴趣。但没有人对股票感兴趣时，才正是你应该对股票感兴趣的时候。越热门的股票越难赚到钱。

一次重要的买入机会

投资要想取得较好的成绩，就必须等待投资的最佳机会。

——巴菲特

市场调整也给投资者提供了一个重要的买入机会。

许多投资人的成绩不好，是因为他们像打棒球一样，常常在球路位置不好的时候挥棒。也许投资人并非不能认清一个好球（一家好公司），可实际就是忍不住乱挥棒，这才是造成成绩差的主要原因。而巴菲特认为，"投资要想取得较好的成绩，就必须等待投资的最佳机会。"

巴菲特在 1988 年第一次购买可口可乐股票的时候，人们问他："可口可乐公司的价值在哪里？"公司的价值在于它有市场平均值 15 倍的盈余和 12 倍的现金流量，以及 30% ~ 50% 的市场溢价。巴菲特为一个只有 6.6% 净盈余报酬的企业，付出了 5 倍于账面的价格，原因是有可口可乐的经济商誉作保证，所以他很乐意投资。

1988 年 6 月，可口可乐公司的价格大约是每股 10 美元。之后的 10 个月内，巴菲特已取得 9340 万股，总计投资 10.23 亿美元，他的平均成本是每股 10.96 美元。到了 1989 年年底，可口可乐股票价值占伯克希尔普通股投资组合的 35%，这是一个相当大胆的举动。

从 1980 年葛苏达控制可口可乐公司开始，公司的股价每年都在上涨。在巴菲特购买他的第一张可口可乐公司股票的前 5 年中，可口可乐股票的股价每年上涨 18%。该公司的经济状况良好，所以巴菲特把握了一个很重要的买入机会。在这段时期，史坦普工业指数也在上扬。可口可乐公司及股票市场都没有机会让他以低廉的价格购得股票，但巴菲特仍然依市价购买。

在 1988 年和 1989 年巴菲特购买可口可乐期间，可口可乐在股票市场上的价值平均为 151 亿美元。但是巴菲特通过以上分析知道，可口可乐公司的实值大约是从 207 亿美元（假设股东盈余以 5% 的比例增长）、324 亿美元（假设股东盈余以 10% 的比例增长）、381 亿美元（假设股东盈余以 12% 的比例增长），到 483 亿美元。

巴菲特把握了重要的买入机会，以低价买进，这个"低价"是相对于实质价值而言的。在价格远远低于其实质价值时，巴菲特就会毫不犹豫地买进。

巴菲特是最精明的投资者，对投资市场有着深刻的理解，他能够把握买入的机会。

同样，在我们的投资中，我们也可以把握很重要的买入机会。对于目前中国股市的走势，中国证券市场正面临着一个前所未有的良好发展环境，中国资本市场正步入一个黄金发展时期。具体表现如下：

1. 没有直接的系统性因素导致市场的连续巨幅下跌。下跌的根本原因是股指在达到一个相对较高的水平后投资者们的心态变得非常脆弱，市场中一旦出现风吹草动，多杀多的局面很容易出现。所以，波幅较大的暴涨暴跌总是会有，大牛市走得越远，市场的波动和震荡就会越大。为此，长线投资者应做好足够的心理准备。对于如何防范这种巨幅波动的风险，我们认为，首先需要保持一个冷静的心态，切忌追涨杀跌，在暴跌之时不要慌张，而在暴涨之时也不应急于追进，尤其是对于那些估值比较高的品种。通过合适的持股组合可以回避很多波动风险。而更重要的还是应遵循价值投资理念，在目前长期看好而短期大幅波动的市场中，选择抗跌性良好的品种作为投资配置对象。

2. 股市暴跌为市场提供了一次大浪淘沙的机会。对于股价虚高的股票，可将其光环洗掉，使其重现原形；而对于真正有价值、有题材、有潜力的股票却反而是一次"淘尽浮沙始见金"的重大且重要的洗礼。股市的调整会将真正的黄金投资机遇展现在我们眼前，就看我们能不能够把握得住。

与未来巨大的上升空间相比，现阶段的任何调整都只是中国股市长牛市中的一个小波折，都是给投资者提供逢低增持优质资产的机会。在大跌之后继续恐慌抛售，甚至采取退出市场的策略，绝对不可取。过多考虑 10% 的止损区间可能会使投资者失去持有未来 3 年上涨 100% 的股票的机会。

> 对于牛市信念坚定的投资者来说，调整将提供一个非常好的逢低买入优质资产的机会。

3. 在当前国内市场流动性充裕的情况下，只要没有大的利空政策出台，牛市脚步就不会停止。到 2007 年年中，随着公司的盈利增长，这个市场将新增更多的优质公司，会令整体市盈率降低，这种积攒的能量将使 A 股市场迎来更大的牛市。

4. 市场轮动脉络将在蓝筹股与成长股之间取得平衡，资金将在相对估值泡沫与估值洼地之间展开轮动，股市也将在成长股与蓝筹股估值的交替提升过程中呈现螺旋式上升的趋势。当成长股的估值提升速度超越了业绩增长速度时，市场资金转而青睐蓝筹股；一旦蓝筹股出现泡沫，市场资金又将逐步流向估值偏低的行业与板块。

针对以上利好因素，我们在投资中应从以下几方面入手。

1."战略布局，趋势投资，坚持成长，主动调仓"。战略布局思路的出发点在于：一是投资战略性品种，二是更长期持有。在牛市中，选对品种、长期持有，肯定是最赚钱的策略。

2.牛市中做坚定的"趋势投资者"。只要市场整体运行趋势未见实质性改变，就该坚持高比例仓位持有策略，原则上是不因市场短期波动做大的主动性仓位调整。

3.在股票配置上采用平衡策略以提高投资组合的抗风险能力。比如调整持股结构，不过分集中于特定的投资热点，风格上适当增持中小盘成长股而规避一些估值过高的大盘蓝筹股。为了进一步提高组合的安全边际，精选个股、稳步建仓是取胜之道。

4.投资者不妨关注那些具备长期业绩参照的精品基金。考察一只基金的业绩，不能单看基金的短期表现，要综合考察这只基金在牛市、熊市和调整市中的综合表现，以判断其是否具备获取持续稳定收益的能力。

不管怎样，投资者只有把握了不可多得的买入机会，才能在纷纭变幻的股市中取胜。

巴菲特提醒您

你要想象自己握着一张只能使用20格的"终身投资决策卡"，规定你的一生中只能做20次投资选择，每次挥棒后此卡就被剪掉一格，剩下的投资机会也就越来越少。如此，你才可能慎选每一次的投资机会和投资时机。

第二章

购买股票技巧

购买被低估的股票

> 投资成功的关键是在一家好公司的市场价格相对其内在商业价值大打折扣时买入它的股票。
>
> ——格雷厄姆

市场行情好的时候，投资人可以以精挑细选的眼光挑选价值被低估的股票。

巴菲特特别擅长寻找价值被低估的股票，持有或者参与经营，然后等待股票被市场价值再发现。这几年，他老是抱怨便宜股票越来越少，出手次数也越来越少了。那是不是市场上便宜股票真的不好找了呢？不是。巴菲特只不过是在耐心等待价值被低估的股票。

按照 2006 年 3 月底的最新财务报表，巴菲特掌控的伯克希尔公司总资产高达 2300 亿美元。即使巴菲特拿出 1% 的资产买一只股票，那也是 23 亿美元。巴菲特持有的股票数量有限，每只股票所持市值占总市值显然不止 1%，这就使巴菲特对可买入股票的要求更高了。

事实上，购买被低估的股票，必须要有足够的耐心，耐心等待机会的来临。作为一般投资者，我们虽然不能预测股市波动，但几乎所有对股票市场历史略有所知的人都知道，一般而言，在某些特殊的时候，能够很明显地看出股票价格是过高还是过低了。其诀窍在于，投资人可以从一堆低价股当中挖掘，或从大盘在高点时所忽略的股票中找出价值被低估的股票。许多时候，投资人往往会对利空消息反应过度，但撇开那些歇斯底里的反应，一些基本面尚佳的个股就在此时出现了极好的价位。除此之外，市场行情正好的时候，投资人更应该以精挑细选的眼光选择产业，必要时逆操作亦未尝不可。有些金融业、医药业以及公用事业类股等都在投资人的黑名单上。但常识告诉我们，银行、制药厂、医院、电力公司总是会继续经营下去，当覆盖这些产业的乌云散去，也正是这些公司股票翻身的时候。

价值被低估的企业成为"特别情况"类股的时候，也是股价低到深具吸引力，并且风险十足的时候。企业的股价所以下挫至极低的价位，通常和该公司营运已经深陷泥淖不无关系。但此时，股价往往远低于该公司的资产价值。因此，虽然经营状况不甚理想，仍不失为极佳的投资目标。

作为一般投资者，我们也可以使用一些技巧发现价值被低估的股票。下面是格兰汉姆订出的一套检视被低估股票的标准，只要符合下面 10 个标准当中的 7 个，就是价值被低估且有相当安全边际的股票。

1. 该公司获利／股价比（也就是本益比的倒数）是一般 AAA 级公司债值利率的 2 倍。如果目前 AAA 级公司债的值利率是 6%，那么这家公司的获利／股价比就应该是 12%。

2. 这家公司目前的本益比应该是过去 5 年最高本益比的 4/10。

3. 这家公司的股息值利率应该是 AAA 级公司债的 2/3。未发放股息或是没有收益的公司则自动排除在这个标准之外。

4. 这家公司的股价应该等于每股有形账面资产价值的 2/3。

5. 这家公司的股价应该等于净流动资产或是净速动清算价值的

2/3。

6. 这家公司的总负债低于有形资产价值。

7. 这家公司的流动比率应该在 2 以上，这是衡量企业流动性或企业收入中清偿负债的能力。

8. 这家公司的总负债不超过净速动清算价值。

9. 这家公司的获利在过去 10 年中增加了一倍。

10. 这家公司的获利在过去 10 年当中的 2 年减少不超过 5%。

这些标准只是个原则，固然值得投资人用心思考，却不能当成食谱一样照单全收。投资者可以选择最佳帮助个人达成投资目标的准则，其他仅供参考即可。

巴菲特提醒您

在股市过度狂热时，只有极少的股票价格低于其内在价值。而在股市过度低迷时，可以购买的价格低于其内在价值的股票如此之多。

把握股市行情

当市场供应量不足的时候，我们应加入大的供应量。而当市场供应充裕的时候，我们应多加考虑。

——巴菲特

股市行情是投资买入股票的晴雨表。

巴菲特善于把握股市行情，挑选优良健康的投资对象。股票市场好似一个乱哄哄的赌马场，大多数投资者并不认为自己是一个投资者，而把自己看作是一个赌徒，总是带着一种赌博的心理去投资。

这些人和谁赌呢？和市场赌。这很容易让人联想起中世纪西班牙的堂吉诃德，总想和巨大的风车比个高低，其结果可想而知！任何人也不可能跟市场比高下，市场永远是强大的。要想在乱纷纷的股票市场上获得丰厚的利润，只能利用市场的悲观短视或是疯狂，也就是说在市场不冷静的时候用冷静去战胜它，获取自己的利润。要做到这一点很难，巴菲特却做得很好很成功。

巴菲特最善于抓住市场的悲观短视，利用市场上的盲目和悲观来挑选自己的投资目标。他认为，那些质量优良的公司股票只有在市场不理性的时候才会背离其价值，被贱卖。因为在悲观的市场上，人们被悲观绝望的情绪所左右，很难正确判断一家优良公司的真正价值，这是挑选有价值的投资标的并以较低价格买进的最佳时机。所以在多数人悲观失望的时候，巴菲特把握这一股市行情，乘此机会买自己平时想买而又因为价格过高难以如愿的优良公司股票。

股市投资人大多认为，证券分析师之所以称之为"师"，就是因为有预测未来的本事。但实际上他们面对未来多变的行情，也不能百分之百地准确预测，要不然自己改行操盘就赚翻了，何必还要辛苦研究产业，忍受预测行情不准的责难呢？因此，有意投资股市的人选股的问题要问自己，不要问别人。

巴菲特认为，当股市开始有所萌动的时候，许多投资者，尤其是新入市的，对行情的发展趋势往往难以判断，是盘上还是盘下？是轧空还是诱多？是反弹还是反转？是回档还是回头？如此之类的问题，会困扰着他们，令他们难以把握。

那么对于中小投资者，应当从哪些方面来入手分析行情的变化呢？

1. 看成交量的变化。就市场短期的演变而言，任何判断行情发展趋向的标志，非成交量莫属。比如，当股票指数触到一定的低点，被立即拖起，而没有在低位作相当一段时间的无量盘整。那么，此番上攻必是反弹而非反转，因为缺乏"筑底"的量能，说明底部尚未确认，就会应验"是底不反弹，反弹不是底"的股谚；如果股指节节攀升，成交量却日渐萎缩，这便有"顶背离"之嫌，应先部分减磅观望，而相反呈温和状放大，则说明还有上升的空间；如果股指下挫，成交量未有效放出，说明是合理回档，可持续持股或逢低吸纳，反之，成交量急剧放出，可视为回头，应准备应变措施；如果股指"横走"，成交量仍维持在一定的水平，说明大盘正在作强势整理，进行充分的洗盘与换手，理应还可看高一线。

2. 分析基本面。这是压倒一切的决定因素，也是诸多要诀尤其是研断"大势"最准确的依据。有关国家政策的出台，首先可以做出股票市场只会发展不会萎缩，只会更大更好更完善的判断结论。在这大前提下可以选择一些适合长线投资的绩优股，关注一些具有资产重组题材与中西部地区的上市公司的股票，有选择地介入。

3. 技术面分析。技术分析在我们这种"特色"鲜明的市场里，应灵活应用或更多的只能作为逆向提示，即反技术而为之。比如，当均线系统发生"金叉"，提示建仓买入时，行情往往不涨反跌，同样在出现"死叉"，提示减磅卖出时，行情却不跌反涨。又如，行情一涨再涨，或一跌再跌，各项技术指标出现超买或超卖时，若根据技术指标所提示的去抛或买，往往得到的是踏空或杀多的结果。因为主宰市场的主力，往往是上涨时可以做无阻力，同样下跌时可以做无支撑。因此，在运用技术指标作分析时，应当以逆向运用为前提，必须再结合成交量的变化，结合基本面与消息的变化，结合市场的供求变化，结合"人气"(亦以逆向运用)的变化,使技术面分析真正的"为我所用"。

4. 分析媒体和言论信息。此分为两类，一是指来自媒体的导向，分官方言论与非官方言论两种，前者即可视为政策性导向，无论是默许抑或批评，都应不折不扣地"贯彻落实"，坚决执行，后者则应慎重对待，自己认真分析，得出相应的结论。二是指来自"人气"的导向，如果问及投资者，十有八九说好，证券营业部大厅内人头攒动，成交回报显示买入远大于卖出，证券报刊时有脱销，收市之后"马路沙龙"久聚不散，这都说明"人气"已高涨到了"沸点"，此时行情肯定已到了强弩之末；相反，如果与上述种种情况正好相反，特别是证券营业部门可罗雀，表明"人气"处在极度低迷的时候。

如果投资者能够把握股市行情，在适当的时机购买股票，相信投资一定会大获成功。

巴菲特提醒您

> 要想在股票市场上获得丰厚利润，就需要把握股市行情，利用市场的悲观短视或是疯狂，获取自己的利润。

‖ 投 资 课 堂 ‖
多头市场中的 4 种行情

对于涨势市场或多头市场的循环阶段，通常会出现 4 种行情：

在多头市场的第一段行情中，大多数股票的价格会摆脱空头市场的过度压抑而急剧上涨，整个股市的指数升幅较大，通常占整个多头市场行情的 50% 左右。此时应迅速将留存的观望资金投向股市，特别是那些高度风险股票和小型成长股。因为高风险股由于具有最高度的走向破产的可能性，因而在空头市场中可能被打击得最为严重，持有此类股票的投资者极易在此种情况下逃离股市而使股价跌到极低的水平。而一旦多头市场出现，投资者信心恢复，这类高风险股就会回复到较为正常的水平。

在多头市场的第二段行情中，市场指数的升幅往往超过多头市场行情的 25%，但是股票选择变得更为困难。此时，大多数风险股已涨到接近其公平评价的水准，与其他股相比，已不再显示出便宜的特征，因而股价的涨升必须基于长期展望。应将资金主要投资于成长股，特别是小额资本的成长股。因为在这个时候人们普遍看好股市状况并对经济前景持乐观态度，而小额资本较之大型工业具有更大的成长性，因此，小额资本能更好地吸引买盘而使其股价更快地升位。

在多头市场的第三段行情中，股价的涨幅通常少于整个多头市场行情的25%，而且只有极少数股票在继续上升。对应第三段行情的投资策略是，慢慢卖出次等成长股，将部分资金转移到多头市场里具有维持价位能力的绩优成长股，或将部分资金转为现金和存款。因为在此段行情中，股市涨势大部分已告结束，这时买卖股票必须具有选择性，只能买进十分绩优的成长股，以及那些在未来经济困境中仍能获益的顺应大势股。简言之，必须开始对承受空头市场的风险做好准备。

在第四段行情中，该涨的股票已经基本上涨得差不多，此间只有绩优成长股和少数可在经济困境中获利的股票才能继续上升。这时，最好将持有的股票全部脱手变现，将其投放在收益较安全稳定的各种债券和存款上，以便在空头市场完结时再进行新的一轮股票投资。

摊平成本买更便宜的股票

当市场过于高估持有股票的价格时，也可考虑进行短期套利。

——巴菲特

如果我们有坚定的长期投资期望，那么短期的价格波动对我们来说就毫无意义，除非它们能够让我们以更便宜的价格增加股份。

所谓成本摊平法是指购买每股平均成本低于平均股价的股票的方法。当股价较低时，买进大量的股票；在股价较高时，少买股票。

例如，一个投资者要累积一些某公司股票的仓位，在适当的研究后，该投资者计划按季度购买，每次投资一部分资金。

他第一次以 13.71 美元的价格购买了 145 股，第二次他以 17.5 美元的价格购买了 114 股，第三次他以 20.42 美元的价格购买了 97 股，第四次他以 24 美元的价格购买了 83 股，总共 439 股，花了 8000 美元。每股平均成本为 18.22 美元，第三次和第四次购买的当时就获利了。

成本摊平法是个不错的买股办法：就一个投资者可以支付的美元数额而言，为一个投资组合设立一个有规律的、长期的投资计划的原则（例如，每月或每季度投资 100 美元或 1000 美元）。定期的投资替代了试图预测股价何时走低、何时走高。

有规律地进行相同数额的投资，比如每月 1000 美元，该投资者在股价走低时，买更多股票；在股价走高时，少买股票，该策略就形成了一个具有平均成本的投资组合。显然，低价位购买的股票将比高价位购买的股票表现更好，由于采用摊平成本法，你就在低价时买入了更多的"绩优股"。

成本摊平法使投资者有效和自动地在高价时少买，在低价时多买。但这是长期投资者使用的一种方法，对于短期投资者没有用。

该策略也是多变的。尽管它可能在共同基金中更有效，但实际上可用于任何投资组合。由于基金的单位可以被拆细，从而允许一位投资者购买特定数量的美元的股份，而非一定数量的股份。

拉低成本价的办法还使人们遵循了一条主要的投资原则：给你自己付钱。别觉得自己没有足够的钱投资，就不投资。再说一次，共同基金具备有利条件，投资者可以每月投入 50 美元！

摊平的基本方法是把自己的资金分成数笔逐次投入。按具体情况可分为以下几种策略。

一、逐次等额摊平

即"平均成本"策略。采用这种策略购买股票，基本思想是：使购买股票所花费的平均成本低于股票的平均市场价格。当股票价格较高时，能买进的股票数就少；反之，能买进的股票数就多。只要每月的投资额一定，全年内每股的平均成本就会低于股票市场价格。

二、下档倍数摊平

与前种方式相同之处也是逢股价下跌时分次购进，不同之处在于采用加倍投资购进，即后一次购进的股票数量是前一次购进数量的加倍。仍用前例，第一次购买20元／股20股后，第二次以16元／股购进50股，投资金额800元为第一次投资额400元的2倍，平均成本17元，这就两次加倍购进摊平。此时，如股价回升超过17元，便可获利。

成本摊平法，还可以分散投资时机的风险。举例来说，如果每月投资最低额度3000元的股票市场中，摊一半成本法式的购买法则，都较平均市场价来得低。

每月投资金额（元）	股市看涨时		股市看跌时	
	单位净值（元）	申请单位数	单位净值（元）	申请单位数
3000	10	300.00	20	150.00
3000	11	272.73	19	157.89
3000	12	250.00	18	166.67
3000	13	230.77	17	176.47
3000	14	214.29	16	187.50
3000	15	200.00	15	200.00
3000	16	187.50	14	214.29
3000	17	176.47	13	230.77
3000	18	166.67	12	250.00
3000	19	157.89	11	272.73
合计单位数	—	2156.32	—	2006.32

三、下档等额摊平

即"买平均低"策略。投资者手中的股票在高价区买进后被下跌风"套牢"，使得手中持股蚀本，这时持股者在股价再跌落一段时间后，再买进。一般情况下，可以实行"三分法"，即把投资平均分成三等份，分 3 次购买一再下跌的股票，使购股平均成本降低。如手中 1200 元资金，分成 3 等份，第一次以 20 元／股购进 20 股，平均成本 20 元；此后股价下跌到 16 元，再用 400 元购进 25 股，平均成本为 17.7 元；第三次当股价跌至 10 元／股时，再按同量资金购进 40 股。此时，手中 85 股股票的平均成本为 14 元左右。整个购买过程遇有 3 个价位，即 20 元、16 元和 10 元，而平均成本已逐次由 20 元降至 17 元、14 元。因此，只要该股票价格回升到 14 元，便可保本，回升到 14 元以上就可获利。

四、上档等额摊平

即买"平均高"策略。这是股票长期投资者分阶段购入股票，而不是一次性将全部资本投入股票市场的一种股票购买方法。这种方法的基本原理是：股票投资者在股票某一价格状况下购买一部分股票，然后等待股票价格上升一个段次后，买进第二部分。以此类推，再购买第三、第四部分。

例如，假设某股民估计某种股票的价格有可能上升到 45 元，该股民首先在 40 元的价格下用 1/4 的资本买进第一部分，在 40.6 ～ 41 元也用 1/4 的资本买进第二部分，在 41.5 ～ 42.5 元时，再用 1/4 的资本买进第三部分，在 42.7 ～ 43 元时买进第四部分。当股票价格上升到 44 元时，便可分批抛售手中股票，从而获取利润。

巴菲特提醒您

　　买股票不要理会股市的涨跌，也不要担心经济形势的变化。只要注意两点：
　　　1. 买什么股票。
　　　2. 买入价格。

‖ 投 资 课 堂 ‖

摊平成本小技巧

摊平成本这种方法建议投资者首先对所选择的股票进行详细的分析，并密切注意市场的价格走势，然后在某一价位买进一定数量的股票。初步建仓完成后，投资者仍需关注市场的变化，并分析自己事先对市场的分析是否符合市场的实际情况。如果自己买进一定量的股票后，发现其价格下跌，这说明投资者当初对价格走势分析有误。这时投资者可以用余下的资金继续购买同一只股票，价格越低，他们应买得越多。这样做，不仅能逐渐降低自己的持仓成本，而且在市场价格反弹时，他们能迅速盈利。

低价购买绩优股

在一家优秀企业的市场价格与其实质价值相比大打折
扣时买入，这便是成功投资的关键所在。

——巴菲特

在低价购买绩优股票后，股价下跌是很正常的。而未来的股票价格上涨空间将足以弥补短期股票下跌所导致的损失。

巴菲特经常以较低的价格买进绩优的公司。

1973～1974年，美国股市处于很低迷的状态，几乎每个公司的市盈率都是个位数，这是华尔街少有的时期。美国企业正在被人们抛弃，没有人想再继续持有股票，每个人都在抛售股票。1973年10月，道·琼斯指数从1000点狂跌到580点，在市场一片悲观声中，巴菲特却十分兴奋，疯狂买入股票。

他抓住了市场过度低迷的机会以低价买入绩优公司的股票，从而获得了巨大的投资利润。

在1973年，他以不及企业实际价值四分之一的价格，一举买下了华盛顿邮报的全部外部股份。

2月份的时候，在27美元的价位买入18600股，到5月时，股票跌到了23美元／股，他又买入4万股，价格还是大跌，巴菲特继续买进。9月份时，他控制的伯克希尔公司已经成为华盛顿邮报最大的外部投资者。

华盛顿邮报是巴菲特运用长期投资策略掘到的第一桶金。他在伯克希尔1985年年报中感叹道："在伯克希尔公司我通过投资华盛顿邮报，将1000万美元变成了5亿美元。"1973年巴菲特用1062万美元买入华盛顿邮报公司的股票，到2003年底市值增加到13.67亿美元，31年的投资利润为12.80亿美元，投资收益率高达128倍。

在华尔街的早期流行着这样一句话："低价买，高价卖。"

尽管评价股票"价值"的方法可能已经改变了，但基本道理还是对的。对价值的预期的增长造成股价的上升。价值并非仅仅表现为价格，但它是决定价格的因素之一。价值的另一重要因素是过去的收入和对收入的预期，股价随着对未来收入增长的预期而变动。

在投资市场上以低价购买绩优股只是一种理论上且理想中的操作结果，在通常情况下，只有圣人或幸运的人才能做到。在大多数情况下，暂时的被套才是常态。但买入的公司首先必须是符合我们条件的好公司，同时在价格被相对低估的时候买进。买进股票后遭遇暂时下跌是正常的。有一点可以肯定的是，潜藏于企业内部的真实价值终究会反映在股票价格上，而未来的股票价格上涨空间也将足以弥补短期股票价格波动所导致的损失，甚至产生更高的报酬率。

总的说来，投资者在合适的价位买进自己选中的质地优良的股票，在自己预期的价位果断地卖掉，获利了结，再等待下一次进场的机会，买进自己中意的股票。这就是巴菲特教给你的分析方法，如此简明，如此实用。

巴菲特提醒您

在低价位时购买质地优良的股票，较长时间地持有，以等待股票价格上扬，大获其利。

‖ 投 资 课 堂 ‖
买入时点及其判断因素

股民最关心的事莫过于买卖时机的掌握。《孙子兵法》曰："善战者制敌于未动之先。"从买进股票的时机来看，可以归纳出下列几种可以买进的情况。

1. 在上升趋势中，股价稳健发展，没有明显的力竭或反转信号时可买人。

2. 股价久盘不动，但有一天成交量突然放大，而且价格上扬并突破上档阻力关卡，则代表涨势开始发动，确定股市已经回升，这是中、短期投资者进场的最佳时机。

3. 投资人的资金大量涌入股市，致使成交量上升，而且股市利多的消息纷纷出笼，说明股价要上升，此时亦可进场买进。

4. 在原始的长期上升趋势中所产生的中期四档趋势已跌至原先涨幅的1/3左右，成交量相对减少时可考虑买进。

5. 经长期下跌，计算本益比，股价已至低价圈，预计发行公司在2～3个月之内将陆续配息，而且趋势图上股价跌幅已缓和时可考虑买进。

6. 在下跌趋势中，遇到强有力的支撑线，股价未能立即突破而下，且成交量大减时也可考虑买进。

7. 下跌趋势到达末期，进入盘旋整理的时候，就是长期投资者开始买进的时机。

8. 市场充满悲观气氛，利空消息接二连三传出，股价连续几十个跌停板，尤其是投资性股票也出现跌停板时，可考虑买进。

第五部分

耐心持有，长线投资

——懂得持股策略

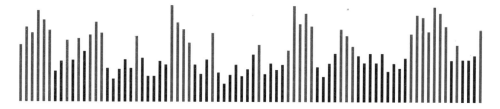

巴菲特认为，你不愿意拥有一只股票10年，那就不要考虑拥有它10分钟，他愿意永远持有那些优秀企业的股票。因为从短期来看市场是一台投票机，但从长期来看是称重机，只有经过较长的时期，股票价格才能逐步向价值回归。

事实上，并不是所有股票都要长期持有，只有极少数的股票值得长期持有。如果这家公司有价值增值能力，该公司就值得长期持有。

第一章

为什么要长期持股

股市从短期来看是投票机，长期来看是称重机

> 从短期来看，市场是一台投票机，但从长期来看，它是一台称重机。

——格雷厄姆

股市的短期波动不可预测，而长期波动具有非常稳定的趋势。

股票市场总是不停地上下波动，这是每个投资者都知道的。那么股票价格波动的规律是什么呢？

巴菲特从他的导师格雷厄姆那里学习了关于股市波动的永恒规律，并在伯克希尔 1987 年年报中告诉了我们："从短期来看，市场是一台投票机；但从长期来看，它是一台称重机。"

从短期来看股市是一台投票机，从长期来看股市是一台称重机。这意味着市场短期内的价格波动会给投资者带来很大风险，但在长期趋势内，市场价格逐渐趋向稳定，对企业价值做出真实反映。一

个被充分低估价值的股票得到修正，平均需要 6 ~ 30 个月。

格雷厄姆在 1949 年出版的《聪明的投资者》中指出："股票市场本身没有时间进行这种科学的思考。尽管没有什么正确的价值衡量方法，它必须先把价值确立起来，然后再寻找其根据。因此股票价格不是精心计算的结果，而是不同投资者反应的总体效应。股票市场是一台投票机，而不是一台称重机。它对实际数据并不做出直接反应，只有当这些数据影响买卖双方的决策时，它才做出反应。"

50 多年来大量的股票市场实证研究表明，格雷厄姆认为股市短期是投票机而长期是称重机的观点是完全正确的，虽然股市短期内会剧烈波动，但长期则必然会向价值回归。

股票的价格走势虽然也受大盘的影响，但决定其价格趋势性走势的还是该上市公司基本面的趋势性变化。如果可以比较明确地预计某个上市公司未来盈利的良性发展趋势，其现在的价值水平也适当的话，对那些基于年线层面交易而不是日线、周线和月线层面交易的投资人，大盘的不确定性确实是其决定因素。

股票的收益在短期内也可能存在正相反关系，如一周或一月，但从长期来看，股票收益则可能显示出负的序列相关性。经过 2 ~ 3 年或更长的时间后，原来上涨的股票可能反而会下跌，而原来下跌的股票可能会上涨。

巴菲特以实际数据证明了这一观点。他以 1899 ~ 1998 年 100 年间美国股市走势经常与 GNP 走势完全相背离的原因做事例。他认为美国股市 20 年整体平均实际投资收益率约为 6% ~ 7% 左右，但短期投资收益率会因为利率、预测投资报酬率、心理因素的综合作用而不断波动。

巴菲特在 1999 年 11 月 22 日的《财富》杂志上指出：美国投资人不要被股市飙涨冲昏了头脑，股市整体价格水平偏离内在价值太远了。他预测美国股市不久将大幅下跌，重新向价值回归。果然在 2001 年，网络泡沫破灭，纳斯达克下跌近 50%。

两年后巴菲特再次在该杂志上发表了自己对股市的看法，他再次重申股市整体表现从长期来说与美国经济整体成长性相关，过度高涨的价格长期来说肯定会回归其内在价值。

在这篇文章中，巴菲特以 1899 ~ 1998 年 100 年间的历史数据解释了为什么美国股市走势与 GNP 走势完全相背离？他的研究证明美国 20 年平均整体投资报酬率约为 7% 左右，但短期投资报酬会因为利率、预测投资报酬率、心理因素的综合作用而不断波动。它以详细的历史数据说明了为什么短期来说股市是一台投票机，但长期来说股市却是一台称重机。

美国股市道·琼斯指数在 1964 ~ 1998 年间的前 17 年与后 17 年的走势截然不同。

第一个 17 年：1964 年年底道·琼斯指数为 874.12，1981 年底为 875.00，17 年间增长 1 个百分点。第一个 17 年股市几乎丝毫没涨。

第二个 17 年：1981 年年底道·琼斯指数为 875.00，1998 年年底为 9181.43，17 年间上涨超过 10 倍，这 17 年是一个难以置信的大牛市。

美国股市在两个相同的 17 年期间有完全不同的增长率，足以说明了以上的观点。

那么，为什么股市会表现如此大的反常呢？这得归功于影响股市波动的 3 个关键因素。

1．利率。在经济学中，利率就好像自然界的地心引力一样，不论何时，不管何地，利率任何的微小波动都会影响到全世界所有资产的价值。最明显的例子就是债券，但这道理同样适用于其他各项资产，不管是农场、油田、股票与其他金融资产，都是如此。假设今天市场利率是 7%，那么你未来 1 美元的投资收益的价值就与市场利率为 4% 时的价值有很大差别。从长期看，利率的变化一般都比较大。

2．人们的预期投资收益率。

3．心理因素。人们看到股市大涨，投机者疯狂爆发，终于导致上演一幕幕的悲剧。

所以，预测股市的短期波动是不可能的。巴菲特说："我对预测股市的短期波动并无所长，我对未来6个月、未来1年或未来2年内的股票市场的走势一无所知。"相反，巴菲特认为股市长期波动具有非常稳定的趋势，非常容易预测："我认为对股市的长期趋势预测相当容易。格雷厄姆曾经告诉我们为什么会如此：'从短期来说股市是一台投票机，但从长期来说股市却是一台称重机'。贪婪与恐惧或许在投票时很起作用，但在称重时却没有什么作用。"

同样，在我们进行股票投资时，短期的股价波动会给我们的投资带来很大的风险，但从长期来看，我们可以很好地预测市场的走势。

巴菲特提醒您

股票实际投资收益率的长期稳定性并不否认短期收益率会剧烈变化。实际上，股票投资收益率在很多时候都会偏离长期平均水平。

长期持有交易成本更低

总体而言，过分活跃的股票市场无形中损害了理性的资产配置，使蛋糕收缩变小了。

——巴菲特

长期持有使交易佣金等交易成本减少，从而增加投资收益。

投资应该是一项长期的行为，因为短期的交易意味着你正在玩一种失败者的游戏。短期交易的这些费用如果合计起来，包括税收和佣金，会给你的投资业绩造成几乎不可逾越的障碍。你要把买股票作为一个重大的购买行为，就像你不会在一年内买卖你的汽车、冰箱或电视机20次一样。

如果你频繁交易，随着时间的推移，你不断支付的佣金和其他费用是复合增长的。你今天花费的每一美元，如果你用来投资 20 年期 9% 年息的债券的话，将变成 5.6 美元。也就是说，今天花费 500 美元，意味着你放弃了 20 年后的 2800 美元。

频繁的交易还意味着你支付的税款在增长，并且无论你每年支付多少，这些钱都不能为你在下一年提供复合收益。

巴菲特认为频繁交易对投资者没有多大好处，只能让证券商多得利而已。他曾说过："如果你认为你可以经常进出股市而致富的话，我不愿意和你合伙做生意，但我却希望成为你的股票经纪人。"

> 对于长期持有来说，交易的次数少使交易佣金等交易成本在投资总额中所占的比重很少。而短期持有频繁买进卖出，交易佣金等交易成本累积起来将在投资总额中占较大的比重，相应地会减少投资收益。

投资者交易次数越多，他所需要支付的佣金也就越多。这样如果投资者想获得超过市场平均水平的超额收益，他每笔投资的收益都应当比市场平均水平还要高出几个百分点，以弥补交易成本。比如，如果你想超过市场平均收益率 8%，而预期市场平均收益率为 10%，同时，由于每笔投资的佣金和交易费用平均占交易金额的 2% 以上。那么，你每笔投资收益率就需要达到 20% 以上。

查尔斯·埃里斯研究证明：交易次数越频繁，投资收益越少。他的研究表明，资金周转率如果超过 200% 的投资者，除非其每笔交易都高出市场平均收益率几个百分点以上，否则他不可能达到股市平均收益水平。

让我们以一个事例来说明长期投资者和频繁的交易成本问题。长期投资者弗兰克是一个守旧的老古板，他只买很少几种股票并长期持有，而投资者约翰是一个频繁进行交易的快枪手。

弗兰克在 5 种股票上投资 1 万美元，共 30 年，年收益率 9%，并且当卖出这笔投资时支付长期投资资本利得税 15%。在此期间，约翰以同样的收益率、同样数量的资金投资，但是他的投资组合一年周转 2 次，他的收益支付 35% 的短期资本利得税，并且余下部分用于再投资。我们假定他们暂时不用负担任何佣金。

30 年后，弗兰克拥有 11.4 万美元；与此同时，约翰还不到他数量的一半，只有大约 5.4 万美元。由此你就能看到，你的资金在不用每年纳税的情况下，复合增长造成了巨大的差异，甚至可以不予理睬经纪人佣金。

但是现在来看持有一只股票 30 年也许是不现实的。让我们再考虑一下，如果弗兰克每 5 年卖出他的全部投资组合一次，并且每次都把投资收益再投资。在这个案例中，他投资结束时大约拥有 9.6 万美元，这比 11.4 万美元要少，但还是要比约翰的 5.4 万美元多很多。

这个例子表现的仅仅是税收对频繁交易的影响———一旦我们加入佣金的因素，情况将对短期投资者更糟糕。如果我们设想约翰和弗兰克每次交易支付 15 美元，约翰的净利 30 年后只有 3.1 万美元，而弗兰克的净利则有 9.3 万美元，假设他每 5 年交易一次。

真实世界的税收花费和佣金要从你的投资组合中拿走一大块。把你的持有期间由 6 个月扩大到 5 年，收益大约增加 6.2 万美元。弗兰克的耐心得到了丰厚的报酬。

如果要与弗兰克的投资组合价值匹敌，约翰需要每年大约 14% 的收益率来替代年 9% 的收益率。这就是本例中频繁交易的代价———一年大约 5 个额外的百分点收入。所以，如果你真的认为搅动你的投资组合可以得到每年 5 个扩大的百分点，那么就可以卖掉旧的换进新的。否则，像我们中的其他人一样，在经过熊市的时候你应当谦卑一些，保持耐心，因为这将带来更多利润。

巴菲特提醒您

> 股票市场的讽刺之一是强调交易的活跃性。使用"交易性"和"流动性"这种名词的经纪商对那些成交量很大的公司赞不绝口。但是，作为投资者，你要知道对在赌桌旁负责兑付筹码的人来说的好事，对客户来说未必是好事。

‖ **投 资 课 堂** ‖

频繁交易造成的财富损失

如果一家净资产收益率是 12% 的典型公司，其股票换手率每年高达 100%，每次买入和卖出的手续费为 1%（对于低价位公司来说手续费要高得多）。以账面价值买卖一次股票，那么，我们所假设的这家公司股东们总体上要支付公司当年资产净值的 2% 作为股票交易的成本。这种股票交易活动对企业的盈利毫无意义，而且对股东来说，意味着公司盈利的 1/6 通过交易的"摩擦"成本消耗掉了。

实际上，市场日成交量 1 亿股的交易日对股东来说不是福音，而是诅咒，因为这意味着，相对于日成交量 5000 万股的交易日，股东们为变换座椅要支付 2 倍的手续费。如果日成交量 1 亿股的状况持续 1 年，而且每次买进卖出的平均成本是每股 15 美分，那么对于投资者来说，座椅变换税总计约 75 亿美元。这大致相当于财富 500 强中最大的 4 家公司埃克森石油公司、通用汽车公司、美孚石油公司和德士古石油公司 1982 年的利润总和。

长期持有复利威力更大

　　复利有点像从山上滚雪球，最开始时雪球很小，但是往下滚的时间足够长，而且雪球粘得相当紧，最后雪球会很大很大。

——巴菲特

在投资中，持有的时间越长，复利的增值作用越巨大。

　　巴菲特的每一项投资所要寻求的是最大的年复利税后报酬率，巴菲特认为借由复利的累进才是真正获得财富的秘诀。那么，为什么复利的累进可以帮助你变得富有？

　　假设你有 10 万美元，分别在 10 年、20 年和 30 年期间，以 5%、10%、15% 及 20% 的比率，在不考虑税利循环复利累进的情况下，计算该笔钱循环复利所能累进的价值。即便仅仅是 5% 和 10% 的差异，也会对投资人的整体获益产生惊人的影响。你的 10 万美元，以每年 10% 的获利率经用免税的复利累进计算，10 年后将会价值 259374 美元，若将获利率提高到 20%，那么 10 万美元在 10 年后将增加到总值为 619173 美元，20 年后，则变成 3833759 美元，但是以 10 万美元，以免税的年获利率 20% 累进计算，持续 30 年，其价值将会增长到 23737631 美元，是一个相当可观的获利。

　　很小的百分比在一段长时间所造成的差异也是令人吃惊的，投资人的 10 万美元以 5% 的免税年获利率计算，经过 30 年后，将值 432194 美元。但是若年获利率 10%，30 年后，10 万美元将增值到 1744940 美元。倘若年获利率再加 5%，即以 15% 累进计算，30 年后，10 万美元将增加为 6621177 美元。若再从 15% 升到 20%，你会发现，10 万美元每年以 20% 累进，30 年时将会增加到 23737631 美元。

巴菲特一直寻找那些在长时间内获得复利回报最多的公司。在伯克希尔的 41 年间，巴菲特一直能够以 23.8% 的平均年复利回报率来增加他公司的净值。这是相当高的。

乔治·摩根曾用这样一个简单的例子来描述过复利的巨大力量："如果你新设一家公司，只发行 100 股，每股 10 美元，公司净资产 1000 美元。一年后，公司的利润是 200 美元，净资产收益率为 20%。然后，将这些利润再投入公司，这时第一年年底公司的净资产为 1200 美元。第二年公司的净资产收益率仍为 20%，这样到第二年年底公司的净资产变为 1420 美元。如此运作 79 年，那么 1000 美元的原始投资最终将变成 1.8 亿美元的净资产。"

> 长期持有具有持续竞争优势的企业股票，将给价值投资者带来巨大的财富。其关键在于投资者未兑现的企业股票收益通过复利产生了巨大的长期增值。

作为一般投资者，在长期投资中，没有任何因素比时间更具有影响力。随着时间的延续，复利将发挥巨大的作用，为投资者实现巨额的税后收益。

复利的力量是由时间的长短和回报率的高低两个因素决定的。两个因素的不同使复利带来的价值增值也有很大不同：时间的长短将对最终的价值数量产生巨大的影响，时间越长，复利产生的价值增值越多；回报率对最终的价值数量也有巨大的杠杆作用，回报率的微小差异将使长期价值产生巨大的差异。以 6% 的年回报率计算，最初的 1 美元经过 30 年后将增值为 5.74 美元。以 10% 的年回报率计算，最初的 1 美元经过同样的 30 年后将增值为 17.45 美元。4% 的微小回报率差异，却使最终价值差异高达 3 倍。

巴菲特对 10% 与 20% 的复利收益率造成的巨大收益差别进行了分析：1000 美元的投资，收益率为 10%，45 年后将增值到 72800 美元；而同样的 1000 美元，在收益率为 20% 时，经过同样的 45 年将增值到 3675252 美元。自从巴菲特 1965 年开始管理伯克希尔公司至今 40 多年来，伯克希尔公司复利净资产收益率为 22%。也就是说巴菲特把每 1 万美元都增值到了 2593.85 万美元。

因此，巴菲特的长期合作伙伴芒格感叹道："如果既能理解复利的威力，又能理解获得复利的艰难，就等于抓住了理解许多事情的精髓。"

投资具有长期持续竞争优势的卓越企业，投资者所需要做的只是长期持有，耐心等待股价随着公司的成长而上涨。

具有持续竞争优势的企业具有超额价值创造能力，其内在价值将持续稳定地增加，相应的其股价也将逐步上升。最终复利的力量将为投资者带来巨大的财富。

巴菲特强调一定要耐心耐心再耐心地长期持有，他的经验是"用屁股比用脑袋挣的钱多"。因为在投资中，持有的时间越长，复利的增值作用越巨大。在 1973 年，巴菲特用 1062 万美元买入华盛顿邮报公司的股票，到 2003 年底市值增加到 13.67 亿美元。巴菲特耐心持有 30 年的投资利润为 12.80 亿美元，投资收益率高达 128 倍。

作为投资人，相对以一定复利利率的连续投资，以同样复利利率增长的单一投资能够实现远远多得多的回报。

巴菲特提醒您

在长期投资中，没有任何因素比时间更具有影响力。随着时间的延续，复利的力量将发挥巨大的作用，为投资者实现巨额的税后收益。

‖ **投 资 课 堂** ‖
复利累计和支付的价格比较

许多投资专家认为，如果你打算长期持有绩优公司的股票，那么你一点也不需要去考虑所支付的价格，这种想法是不正确的。

试想：在 1987 年的时候，某一绩优公司的股票价格在 6.07 美元到 10.36 美元间。

10 年后也就是 1997 年，该公司股票以每股 44 美元交易。如果你在 1987 年以每股 6.07 美元买入，并且在 1997 年以每股 44 美元卖出，你的税前复利报酬率将近 21.9%。但是如果你在 1987 年以每股 10.36 美元买进，在 1997 年以每股 44 美元卖出，那么税前复利报酬率将近 15.56%。

如果你曾在 1987 年投入 10 万美元以每股 6.07 美元的价位买进该公司股票，每年以 21.9%的复利报酬率来累进，到了 1997 年，其价值会成长到将近 724497.77 美元。

但是如果你投资 10 万美元，以每股 10.36 美元买进该公司股票，以 15.56%的复利报酬率来累进，到了 1997 年时，其价值已持续成长到将近 424693.22 美元。不同的买进价位，不同的报酬率，产生了 299804.55 美元的差异，这种差异，实在惊人！

优秀股票持有时间越长，总收益越大

> 投资的秘诀在于：在适当的时机挑选优秀的股票，然后长期持有。
>
> ——巴菲特

不卖出优秀股票，尽可能减少缴纳资本利得税，可使税后长期收益更大。

在一般的投资者看来，长期投资非常困难。巴菲特告诉我们："我从不认为长期投资非常困难……你只需持有一只股票，而且从不卖出，这就是长期投资。"

　　巴菲特采取长期持有的一个重要原因，是尽可能减少缴纳资本利得税，使税后长期收益最大化。

　　几乎所有的投资者都要缴纳资本利得税，但资本利得税只有在你出售股票并且卖出的价格超过你过去买入的价格时才需要缴纳。因此，是否缴纳资本利得税对于投资者来说是可以选择的。投资者既可以选择卖出股票并对获得利润的部分缴纳资本利得税，也可以选择不卖出股票从而不缴税。由于存在资本税收，所以，投资者在投资中需要将税收考虑在成本之内，追求税后总收益的最大化。

> 　　如果投资者选择不卖出股票，就不需缴税，从长期来看，总收益将更大。

　　巴菲特 1989 年拿出 6 亿美元买下近 9900 万股吉列股票，并且协助吉列公司成功地抵挡住投机者的恶意收购攻势。在随后的 16 年中，巴菲特抱牢吉列股票，即使 20 世纪 90 年代末期吉列股价大跌引发其他大股东抛售股票时也不为所动。

　　巴菲特长期持有吉列股票最终得到了报偿：吉列股价因被宝洁并购而于 2005 年 1 月 28 日由每股 5.75 美元猛涨至 51.60 美元。

　　以 1989 年伯克希尔最初在吉列投资的 6 亿美元计算，这笔投资在 16 年中已增值至 45 亿美元，年均投资收益率高达 14%。如果投资者在 1989 年拿 6 亿美元投资于标准普尔 500 指数基金，现在只能拿到 22 亿美元。这就意味着巴菲特投资收益比标准普尔 500 指数基金高出一倍还多。

　　让我们想象一下，伯克希尔公司只有 1 美元可用来进行证券投资，但它每年却有 1 倍的收益，然后我们在每年年底卖出。进一步想象在随后的 19 年内我们运用税后收益重复进行投资。由于每次出售股票时我们都需要缴纳 34% 的资本利得税，那么，在 20 年后，我们总共要缴纳给政府 13000 美元，而我们自己还可以赚到 25250 美元，看起来似乎还不错。然而要是我们进行了一项梦幻投资，在20年内翻了20倍，我们投入的1美元将会增至1048576美元。当我们将投资变现时，根据35%的税率缴纳约356500美元的资本利得税之后，还能赚到692000美元！之所以会有如此大的投资结果差异，唯一的原因就是纳税的时机不同。政府在第二种情形下得到的税收与第一种情形下相比约为27∶1，与我们在两种情形下的利润比例完全相同，当然政府必须花费更多的时间等待这笔税金。

巴菲特提醒投资者："必须强调的是，我们并不是因为这种简单的数学计算结果就倾向于采用长期投资策略。事实上，通过更频繁地从一项投资转向另一项投资，我们还可能获取更多的税后利润。但我们更愿意待在原地不动。我们这样做的理由很简单：我们深感美妙的业务合作关系是如此宝贵又令人愉快，以至于我们希望继续保持下去。作这种决定对我们来说非常容易，因为我们相信这样的关系一定会让我们有一个良好的投资成果，虽然可能不是最优的。考虑到这一点，我们认为除非我们思维不正常，才会舍弃那些我们熟悉的、有趣且令人敬佩的人，而与那些我们并不了解而且资质平平的人相伴。这有些类似于为了金钱而结婚，在大多数情况下这都是错误的选择，尤其是一个人已经非常富有却还要如此选择时，那肯定是精神错乱。"

巴菲特鼓励投资人买入股票后应长期持有。因为优秀股票持有时间越长，总收益将越大。但如果你仔细注意听他所讲的，你会发现他在鼓励长期持有时加了两个附加的条件：

1. 这些公司必须是优秀的公司。全世界各地的基金经理随时都持有近百种（亚洲），甚至是上千种（美国）股票。试问：股市里，难道真的有那么多家优秀公司吗？这种广撒网式的投资法，绝对不是成功投资家的投资概念。

2. 只有在这些优秀公司继续保持优秀状况时，我们才可以继续持有它们。这说明了投资不应是百分之百永远肯定的，我们要一直不停地观察市场。

其实，就算是一家公司的基本优势还存在，但如果我们发现还有一家竞争者也同样拥有这个优势，但股价只是它的一半时，则可以卖掉前者而买入后者。巴菲特于 1997 年卖出大部分的麦当劳股票，买入另一家快餐业公司的例子就是明证。虽然巴菲特说这是两个不相干的买卖，他仍然觉得麦当劳是一家很优秀的公司，价格正确时可以买入，但也显示出交换行业股现象的存在。

一般说来，巴菲特不到最后时刻就不会公开抛售他持有的那只股票，投资者要摸清他的投资轨迹并不容易。所以，与其模仿巴菲特的投资风格，还不如先学习学习他的思维方法，也许这更有利于投资者抓住他投资理念的精髓。

巴菲特提醒您

投资股票很简单，你要做的，就是以低于其内在价值的价格购买一家优秀企业的股票，同时确信这家企业拥有最能干的管理者。然后，你永远持有这些股票就可以了。

‖ **投 资 课 堂** ‖
长期投资的误区

巴菲特靠投资积累了巨额财富，而不单单是长期持股。他鼓励长期投资，但前提是这些企业真正值得长期投资。他完全不会接受投资风险，只有在确认没有任何风险的前提下才会出手。他认为如果一项投资有风险的话，你要求再高的回报率也是没用的，因为风险并不会因为进行长期投资而降低。

但是，有些投资者没有明白这一点，他们只表面化地记住了"长期持股"，所以在股票被套牢后，索性学起了巴菲特，做长期投资者了。这是严重的误解。没有了投资这个前提，盲目的长期持股损失可能更为惨痛。这一点，有些老股民付出了沉痛的代价。

投资的最大特点是，如果你输了 20%，你必须要赚回 25% 才刚好回本。如果你亏了 50%，那你就必须赚回 100% 才能回本。这是投资人不可忽略的重要问题。

虽然会有人鼓吹，只要耐心等待，"长远投资"肯定能致富。问题是，要等多久？如果你像一些投资人那样在这几年购买股票而看着它下跌 50%，那要等多久才能回到几年前买入时的价钱呢？把血汗钱投入 5 ~ 10 年后，得到的还是原来相同数目的资金，那肯定不是投资人的投资概念。

第二章

如何进行长线择股

选择能持续获利的股票

> 我们喜欢购买企业，我们不喜欢出售，我们希望与企业终生相伴。

> ——巴菲特

并不是所有买入的股票都要长期持有，具有持续能力的股票才值得长期持有。

大部分投资者采用股价上涨或下跌的幅度作为判断持有或卖出股票的标准，而巴菲特却不是这样。对于那些投资数额较大的股票，其中大多数他都持有了很多年。他的投资决策取决于企业在那一时期的经营绩效，而非那一个特定时期的市场价格。在能够拥有整个公司的时候，过度关注短期收益就是极其愚蠢的。同样，在买入一家公司的一小部分（如可流通的普通股）的时候，却被短期投资的预期收益所迷惑，也是不明智的。

巴菲特判断持有还是卖出的唯一标准是公司是否具有持续获利

能力，而不是其价格上涨或者下跌。

他曾经买入过数十只股票，其中大部分持有期限长达数年，也有一些股票持有时间较短，但只有可口可乐、GKICO、华盛顿邮报、吉列等少数几只股票自买入后一直持有长达 10 多年甚至 20 多年。

巴菲特曾说："投资股票很简单。你所需要做的，就是以低于其内在价值的价格买入一家大企业的股票，同时确信这家企业拥有最正直和最能干的管理层。然后，你永远持有这些股票就可以了。"

既然是否长期持有股票由公司持续获利能力决定，那么衡量公司持续获利能力的主要指标是什么呢？

巴菲特认为最佳指标是透明盈利。透明盈利由以下几部分组成：报告营业利润，加上被投资公司的留存收益（按一般公认会计原则，这部分未反映在我们公司的利润里面），然后扣除如果这些留存收益分配给我们时本应该缴纳的税款。

为计算透明盈利，投资人应该确定投资组合中每只股票相应的可分配收益，然后进行加总。每个投资人的目标，应该是要建立一个投资组合（类似于一家投资公司），这个组合在从现在开始的 10 年左右将为他带来最高的预计透明盈利。这样的方式将会迫使投资人思考企业真正的长期远景而不是短期的股价表现，这种长期的思考角度有助于改善其投资绩效。当然无可否认，就长期而言，投资决策的计分板还是股票市值。但股价将取决于公司未来的获利能力。投资就像是打棒球一样，想要得分大家必须将注意力集中到球场上，而不是紧盯着计分板。

如果企业的获利能力短期发生暂时性变化，但并不影响其长期获利能力，投资者应继续长期持有。但如果公司长期获利能力发生根本性变化，投资者就应该毫无迟疑地卖出。

> 公司盈利能力的变化趋势是判断持有还是卖出的最关键因素。

除了公司盈利能力以外，其他因素如宏观经济、利率、分析师评级等等，都无关紧要。

作为一名投资者，你的目标应当仅仅是以理性的价格买入你很容易就能够理解其业务的一家公司的部分股权，而且你可以确定在从现在开始的 5 年、10 年、20 年内，这家公司的收益实际上肯定可以大幅度增长。在相当长的时间里，你会发现只有少数几家公司符合这些标准，所以一旦你看到一家符合以上标准的公司，你就应当买进相当数量的股票。你还必须忍受那些使你偏离以上投资原则的诱惑。"如果你不愿意拥有一只股票 10 年，那就不要考虑拥有它 10 分钟"。把那些获利能力会在未来几年中不断增长的公司股票聚集成一个投资组合，那么，这个组合的市场价值也将会不断增加。

也许有人会问，那我们又如何能发现股票的获利能力呢？巴菲特认为，如果持股时间足够长，公司的价值一定会在股价上得到反映。我们的研究也发现，持股时间越长，其与公司价值发现的关联度就越高。

1. 当股票持有 3 年，其相关性区间为 0.131 ~ 0.360(相关性 0.360 表示股票价格的变动有 36% 是受公司盈余变动的影响)。

2. 当股票持有 5 年，相关性区间上移至 0.574 ~ 0.599。

3. 当股票持有 10 年，相关性区间上升至 0.593 ~ 0.695。

这些数字反映了一个相当有意义的正相关关系，其结果也在很大程度上支持了巴菲特的观点，即一家公司的股票价格在持有一段足够长的时间后，一定会反映公司基本面的状况。但巴菲特同时指出，一家公司的获利和股价表现的相互影响过程通常是不很均衡的，也无法充分预期。也就是说，虽然获利与股价在一段时间里会有较强的相关性，但股票价格何时才会反映基本面的时机却难以精确掌握。巴菲特表示："就算市场价格在一段时间内都能随时反映企业价值，但仍有可能在其中的任何一年产生大幅度的波动。"

鉴于上述分析，我们建议投资者：只要中国经济和股市的未来看好，你就应该坚持长期投资的策略。作为一种中长期投资理财方式，投资者真正需要关注的是股票长期的增长趋势和业绩表现的稳定性，而对应这种特点的操作方式就是长期持有。坚持长期投资的理念，才是广大股票投资者所应该持有的健康投资心态。只有真正具有耐心的人，才能在股票投资中获取最大收益。

在买入股票前多花些功夫做功课，是非常必要而且值得的。一旦购买了适合自己的股票，正常的市场波动便不值得心惊肉跳，投资者就可以通过长期投资来分享中国经济发展的成果，实现财富增值。

这就是我们坚持股票长期投资的最好根据。

如果你选择投资获利能力强的股票，我们的结论是："长线是金。"

巴菲特提醒您

> 表现优秀的公司，能在各种市场环境下都保持长期而稳定的获利能力，好业绩是判断一家公司优劣的重要标准。

‖ 投 资 课 堂 ‖
长线投资技巧

长线投资能获得丰厚的回报，这是被世界上所有新兴市场验证了的铁律。但由于中国股市是一个新兴的市场，现在股市上做长线投资的人很少，主要是因为在泡沫太多的时候根本不适合进行长线投资，这让一部分长线投资者损失惨重。

其实，如果在股市极度投机或牛气冲天的情况下做长线，这无异于高位买套。关键问题是做长线投资时，跑在大势的前面，然后等待收获的季节。

1. 选择扩张能力强的股票。我国的经济现在正处于高速发展阶段，产业结构调整的力度也非常大。很多新兴的产业，发展潜力大，扩张能力强，发展速度呈阶梯式，这样的股票，即使现在的价位有些高，买进后风险也不是很大的。

2. 选择土地储备丰富的股票。有的上市公司是以国家土地低价折股入资的，如果土地所处地理位置好，在经济繁荣时，这些土地的增值非常快，公司可以在房地产、商业方面有较好的发展措施，可以产生巨额的收益，即使遇到通货膨胀，因为有土地资源，也可以适当避开其影响。

3. 选择配股价较高的股票。近几年，大部分上市公司经过了几轮配股，有的配股价很高，对当时的投资者来说当然是不利的，但对于后来的投资者而言，由于配股价高，使公司潜力加大。而有的上市公司为了短期利益，在股市不景气时只好低价配股，稀释了上市公司的股权。

4. 选择券商包销配股的股票。有的上市公司在实施配股时恰恰遇上大势低迷，配股认购不足，被承销商"吃不了兜着走"。由于这些券商持有大量的股票，在股市好转时，这些股票就可能跑在大势的前面。

选择安全的股票

对于投资者来说，关键不是确定某个产业对社会的影响力有多大，或者这个产业将会增长多少，而是要确定任何一家选定的企业的竞争优势，而且更重要的是确定这种优势的持续性。

——巴菲特

投资者在进行长线择股时，应选择安全性大的股票，这类股票即使股价跌了也无妨，只要耐心等待，股价一定会再上涨的。

无论将资金购买何种股票，如果没有安全系数的保障，非但得不到投资的预期收益，还会出现赔本的可能。巴菲特在进行任何一种投资时，总是寻找那些他相信在从现在开始的 10 年或 20 年的时间里实际上肯定拥有巨大竞争力的企业。至于那些迅速变迁的产业，尽管可能会提供巨大的成功机会，但是，它排除了寻找的确定性。

巴菲特的重点在于试图寻找到那些在通常情况下未来 10 年、或者 15 年，或者 20 年后的企业经营情况是可以预测的企业，因为这些企业具有安全性。

事实上，安全的企业，经常是那些现在的经营方式与 5 年前甚至 10 年前几乎完全相同的企业。当然管理层决不能因此过于自满。企业总是有机会进一步改善服务、生产线、生产技术等等，这些机会一定要好好把握。但是，一家公司如果经常发生重大变化，就可能会因此经常遭受重大失误。推而广之，在一块总是动荡不安的经济土地之上，是不太可能建造一座固若金汤的城堡似的经济特许权的，而这样的经济特许权正是企业持续取得超额利润的关键所在。

在 1977 ～ 1986 年间，《财富》杂志世界 500 强企业中，总计 1000 家企业中只有 25 家能够连续 10 年平均股东权益报酬率达到 20%，且没有一年低于 15%。这些超级明星企业同时也是股票市场上的超级明星，在所有的 25 家企业中有 24 家的表现超越标准普尔 500 指数。这些企业有两个显著特点：1. 其中大企业只使用相对于其利息支付能力来说很小的财务杠杆。真正的好企业常常并不需要借款。2. 除了一家企业是高科技企业和几家是制药企业之外，绝大多数企业的业务一般都非常平凡普通。它们大都出售的还是与 10 年前基本上完全相同的、并非特别引人注目的产品。

股票投资是一种风险较大的投资，其风险的存在让你不得不首先考虑投入资金的安全性。股票投资的风险来源于企业、股票市场和购买力 3 个方面，投入资金的安全与否首先取决于企业的经营状况。

作为普通投资者，为了确保投资安全，你最好先从不同的角度全面地分析了解企业的情况，尽可能地选择这样一些企业进行投资：

基础扎实，资金雄厚，有持久发展趋势；企业规模宏大，经营管理水平先进，产品专利性强，商标知名度高，有较强的生产能力和市场竞争优势；企业资产分配合理，流动资金与流动负债保持合理的比率；盈利率高，有丰富的原料来源和广泛的市场，或者企业是国家重点发展和政府积极扶植的企业的股票。

> 如果企业自身经营状况好，发展迅速，必然带来大量的盈利，这样不仅可以保证你本金的安全，而且还会给你带来丰厚的股息和红利。

一般说来，以下企业的股票能够确保投资安全。

一、成长型企业的股票

成长型企业的股票因其公司的成长性比较好，将来的报酬率一般都比较高。高成长性公司的主营业务收入和净利润的增长态势通常处于高速扩张之中，并在多送红股少分现金以保证有充足资金投入运营的同时，能使业绩的递增速度追上股本规模的高速扩张。它们往往在多次大面积送配股之后，其含金量和每股收益却并未因此而大大稀释。

此外，成长型企业的股票的市场容量比较大。随着越来越多的中国人进入"小康"，由于人口众多，中国市场已成为一个庞大而非常富有潜力的市场。但是，由于行业不同，市场容量和发展空间也就大不相同。如传统的商业企业的市场容量就无法和如空调制造业这样的企业相比。在这方面，朝阳行业的企业发展空间也要比夕阳行业企业的发展空间大得多。

除此之外，成长型股票还有如下特征：首先，属于成长型工业。今后被认为是成长型的工业是生化工程、太空与海洋工业、电子自动化与仪器设备及与提高生活水准有关的工业。其次，资本额较少，较易期待其成长，且可以计划增资，从而使股价上涨。

二、受政策背景支持的股票

一个国家的政策取向对于国民经济的运行态势及产业结构的调

整具有决定性作用。反映到股市当中，受到国家产业政策倾斜支持的行业，容易得到市场的认同，所以发展稳定，前景看好，股民应当予以注意，能源、通讯等公用事业类和基础工业类股票即是一种选择。再比如，金融业目前在我国尚属一个政府管制较严的行业，现在金融企业整体而言就能获取高于社会平均利润率的利润。

三、优良型的股票

优良股票公司经营完善、资金雄厚、收益率比较高，处于行业的龙头地位和优势地位。因为这些公司有如下特点：1. 在现代经济中，只有达到规模经济的企业才具有较强的竞争能力及抗风险能力。2. 龙头企业更易得到国家的政策扶持，并可能在企业兼并浪潮中快速扩张，从而进一步扩大其市场份额，进入新一轮快速增长。3. 改革开放以来，我国不断引进外资，但外资的引进，已不仅仅是带来资金和技术，也渐渐对我国民族工业构成了威胁，而与世界经济接轨已是我国经济发展的必由之路。在这种格局下，政府无疑会扶持那些行业龙头企业，给他们优惠政策，给他们注资，让他们发展并占据市场，以与外国企业相抗衡。

对股票投资安全性的保障，有一个重要的方面，就是股票投资者自身的保障。所谓自身的保障，就是指股票投资者应用自身的知识和经验，以审慎投资的态度判别股票的优劣。一个投资知识和投资经验丰富、冷静而慎重、善于分析比较的股票投资者本身就是避免和减少损失的重要保障。

投资者在投资时从安全性着手，要考虑自身的经济实力，股票投资是为了盈利，投资的前提就是有剩余的资金，有剩余资金才能进行股票投资。股票投资者的投资行为要在自己经济条件允许的前提下进行，使用他人资金或把全部生活费都用于股票投资，一旦投资失利，不仅无法保障和补偿投资资金的安全，而且，将危及自身及家庭的生活。同时投资者也要做好充分的投资思想准备，即要树立风险观念，强化对投资风险的心理承受能力和做好弥补资金损失的准备。股票投资者要坚持投资活动的自主性,独立思考,自主判断,靠自己提醒自己,安全第一。正如巴菲特所说:"现在避免麻烦比以后摆脱麻烦容易得多。"

巴菲特提醒您

> 无论将资金购买何种股票,如果没有安全系数的保障,非但得不到投资的预期收益,还会出现赔本的可能。

‖ 投 资 课 堂 ‖
选择安全股票的技巧

1. 公司业绩每年增长 15% 左右,这是我们选择股票的第一要求。要达到这个要求其实并不困难。中国的 GDP 年增长率每年可以达到 9% ~ 10%,而国内很多行业的增长速度远远高于这一水平,例如奶制品行业每年可以增长 30%,商业零售业可以增长 20% 多。

2. 除了看上市公司的历史业绩,一家优秀的公司还应具备:

(1) 优秀的管理层。管理层包括公司的管理结构、管理能力以及管理团队等内容。

(2) 时间足够长的成长或景气周期。这也是我们判断一家公司成长空间有多大的重要因素。

(3) 企业的核心竞争力。核心竞争优势体现在:一是技术,二是管理,三是品牌,四是营销,五是成本控制,六是其他一些因素。

(4) 所处的行业需求稳定增长,而不是暴涨暴跌的行业。

(5) 有良好的业绩和分红纪录。

(6) 估值相对较低。主要考虑公司的成长性是否突出、是否持续,成长预期是否合理。

3. 判断在中国具有投资价值的公司。首先,要与中国的宏观经济发展相呼应;其次,重大题材带来投资机会;最后,实质性资产重组。

4. 综合评估这几个方面,把同类型、同行业的公司加以仔细分析,货比三家,最后在一个合理的价位做出投资决策。

巴菲特目前持有的股票

只要有潜力的公司的权益资本预期收益令人满意,公司管理层诚实能干,并且股票市场并未高估该公司股票,我就很愿意无限期地持有这些公司的股票。

——巴菲特

一家公司需要经过一段时间的考察,才能决定是否能成为长期投资对象。

巴菲特认为,尽管股票市场会在短期内忽视企业的经营与财务状况,但随着时间的推移,股市最终会通过股东财富是否增加来证明企业经营的成败。实际上,只要伯克希尔公司投资的企业正在以令人满意的速度增加股份价值,巴菲特就更希望股票市场延迟对这些企业的承认,因为这样,他可以有更多机会以合理价格买入这些公司更多的股票。

有时,股票市场会很快证实巴菲特对于一家公司是否值得投资的判断。每当这种情况发生时,他并不会因短期获利而急于卖掉股票。他认为华尔街的格言"当你在获得利润时就永远不会破产"是一个愚蠢的想法。如果股市明显高估了一家公司,他就会将股票卖掉。有时候,巴菲特也会卖掉那些价格合理或被低估的股票,这是由于他需要一笔资金购买其他低估程度更高或者低估程度相同但他更了解的公司的股票。

这种"成为生命一部分"的投资哲学使得有几种股票和伯克希尔公司下属的控股公司同属长期投资地位。而巴菲特对处于长期投资地位的股票不会不加区别地抛掉。需要说明的是，一家公司并不是在巴菲特购买它那天起就自动成为"长期"投资对象的，往往需要经过一段时间的考察。例如，巴菲特1988年开始投资的可口可乐公司，1990年才上升到长期投资地位。

巴菲特对美国运通公司、美国标准公司、可口可乐公司等公司股票的投资与长期持有行为反映了他独特的投资哲学和策略。以下分别介绍。

一、美国运通公司

美国运通公司是巴菲特1991年购买的企业，它是世界上最大的签账卡和旅行支票的发行商，它同样提供诸如财务策划、投资咨询、保险、养老金、共同基金等金融服务。

二、美国标准公司

巴菲特持有的另一家大型联合企业的股票。美国标准公司的产品范围涉及厨具、空调设备以及浴具。当巴菲特开始涉足家具公司和地毯公司的时候，他很可能认为住房工程会使得美国标准公司的产品热卖。他最初是在2002年购买了该公司的股票。

三、可口可乐公司

可口可乐是世界上最大的软饮料生产和经销商。公司的软饮料早在1886年就在美国销售，现已销往世界上190多个国家和地区。

巴菲特与可口可乐的关系可以追溯到他的童年时代。他5岁时第一次喝可口可乐。不久以后，他就开始从他祖父的小店里用25美分买6瓶可口可乐，再以每瓶5美分的价格卖给邻居们。在这之后的50年中，他一直在观察可口可乐公司的成长，但却一直没有买进过可口可乐公司的股票。即使在1986年，他正式宣布可口可乐公司生产的樱桃可乐为伯克希尔公司股东年会上的指定饮料时，仍然没有买进一股可口可乐公司的股票。直到两年后，即1988年，巴菲特才开始买入可口可乐公司股票。

四、华盛顿邮报公司

巴菲特喜欢报刊行业，因为他年轻的时候就是一名报童。而当他有机会能以面值的 20% 购买华盛顿邮报时，他牢牢地抓住了机会。之后华盛顿邮报成为伯克希尔持有股票组合中一只不断增加的、永久持有的股票。

巴菲特对华盛顿邮报董事会和公司治理的影响已经被大书特书，但华盛顿邮报对巴菲特也同样产生了重大的影响，它是巴菲特第一只真正永久持有的股票。即使在 20 世纪 60 年代中期巴菲特就能够以反转操作的方式买入美国运通这家不错的公司，但他直到 90 年代才将运通看作长期持有的股票。如果没有在华盛顿邮报上的成功，巴菲特可能就不会抓住像可口可乐这样更具冒险性的机会。

五、H&R 布洛克公司

巴菲特于 2001 年购买的 H&R 布洛克公司的股票。全世界每天都有 10 亿以上的人在刮胡子，同样地，每年都有数亿人要纳税，而 H&R 布洛克公司所拥有的无形品牌使得人们相信可以支付较少的费用从它那儿得到方便而又省钱的纳税建议。伴随着整个市场的低迷，该公司的股价在 2000 年开始下跌。由于意识到该公司的经营基础并没有恶化，市场只是在一个更低的价位抛售股票，巴菲特开始买入这只股票。

六、阳光信用银行

该公司拥有每年一直增长的盈利、持续的股本收益率和不断提高的每股面值。然而对它进行投资最重要的方面，也是巴菲特投资的最大的原因之一是阳光信用银行拥有可口可乐糖浆的唯一手写配方，它就放在佐治亚州亚特兰大市的保险柜里，巴菲特不得不保护这笔投资。

七、富国银行

当市场在发生存贷危机时抛售银行股（尤其是加州的银行）的时候，巴菲特则开始买入这些股票。

八、第一数据公司

第一数据公司为全世界超过 300 万的商人提供信用卡交易服务，

此外，它还拥有西联公司。尽管该公司在 20 世纪 90 年代有着稳定的收益增长，它仍然没能克服 1998 年中期的市场紧缩，巴菲特在那时开始买入这只股票，当 2002 年后期股价下跌时（尽管此时公司的收益、盈利、股权收益率在增长），他继续增加了股票持有量。

九、吉列公司

巴菲特最初从吉列公司购买的是可转换优先股，公司每年支付给他 9% 的收益。后来他把持有的优先股转换成了普通股，并且持有了很长时间，直到今天。

十、耐克公司

耐克是世界上最大的运动鞋和运动服销售商，由于拥有像迈克尔·乔丹和勒布朗·詹姆斯这样的体育超级明星作为形象代言人，使得它具有很强的品牌价值和身份感。过去 30 年来，这家公司经历持续的盈利和股本收益率的增长，所以当 1998 年公司有了轻微的震荡（伴随着股价的下滑）时，巴菲特开始买入耐克的股票，他相信由坚实的股本收益率支撑的品牌力量将会使公司保持在顶级行列。

十一、穆迪公司

当邓百氏咨询公司在 2000 年分割出穆迪子公司的时候，伯克希尔成为穆迪最大的股东。随着过去 20 多年公司在债券市场的高涨，穆迪和标准普尔（后者由麦克格雷—希尔公司控股）成为市场上的两头巨兽，由于自身品牌的增强和证券交易委员会的管制，他们和惠誉成为市场上的主要评级机构。市场上有超过 30 万亿美元的债券是由穆迪评级的，所以很难撼动它在债券市场上的地位。

十二、M&T Bank

20 世纪 90 年代初巴菲特开始吸收银行股，当时银行业正经历着有史以来最困难的一段时期。自从 20 世纪 60 年代以来巴菲特就一直在购买银行股，如果说除了保险业还有什么行业是巴菲特很了解的，那一定就是银行业了。利用他对《布法罗新闻》的控股，巴菲特对 M&T Bank 很熟悉。

事实上，巴菲特最初并不是直接购买股票。M&T 需要一些现金去完成两笔收购，所以巴菲特采取了 PIPE 式的投资，即私人投资公开股票。巴菲特借给他们 4000 万美元，换得一张票据，据此可以获得每年 9% 的收益率，并且可以在 5 年内的任何时间里以每股 78 美元的价格将它转换为股票 (2001 年之前除权)，外加按当时的交易价计算的 20% 的额外股份。1996 年，在持有几年相当于 9% 利率的附息券后，巴菲特将它转换成了股份。他最初投资的 4000 万美元如今已价值 6 亿美元。

对像 M&T 这样的银行进行严格评估的时候，关键是要看银行在借入资金时是否过于冒险。有一条捷径可以帮助寻找这一问题的答案，那就是关注内部人的所有权，然后考虑这是一个股东经营的公司还是一个经理人持有股份将会减少的公司。罗伯特·威尔马作为 M&T 的 CEO，持有 350 万股公司股票，多于收购方爱尔兰联合银行在 2002 年持有的股份，是除了伯克希尔之外最大的股东。若一家银行的 CEO 持有大量该银行的股份，他就不会倾向于采取过于冒险的措施，但巴菲特是靠直觉掌握这一点的。韩国顺天乡大学的教授 Seok Weon Lee 通过经验法也得出了这一结论。

以上是巴菲特目前所持有的部分优秀股票。他的投资策略和原则在他所持有的股票中都有不同程度的表现。

巴菲特提醒您

> 尽管股票市场会在短期内忽视企业的经营与财务状况，但随着时间的推移，股市最终会通过股东财富是否增加来证明企业经营的成败。

第六部分
会买是银，会卖是金
——学会抛售股票

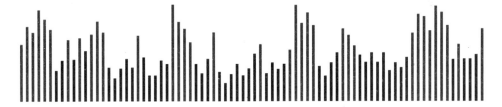

　　巴菲特最喜欢持有一只股票的时间期限是：永远。但是，巴菲特并不是将所有买入的股票都要长期持有，事实上他认为只有极少数的股票值得长期持有。他也会在恰当的时期抛售已经不符合自己标准的股票。所以，不管你在一笔投资中投入了多少时间、精力，你首先应该确定退出策略。投资高手从不会在不知道何时退出的情况下就投资。

　　以十分划算的价格买永远也不卖的卓越企业是我们的最终目标，它会一直使我们致富。不过，在这个世界上，企业在用我们的钱以很高的投资回报率进行再投资时，往往会遇到问题。因此，我们只能在合适的时机选择平仓。

第一章

卖出股票的时机

何时卖出，何时不要卖出

股市并不是不可捉摸的，人人都可以做一个理性的投资者。

——巴菲特

知道何时卖出及何时不要卖出一只股票，比知道何时买入股票更重要。

正如巴菲特所说，从理论上讲，卖掉一家企业的适当时机是永远也不卖。以下是我们的最终目标：以十分划算的价格买永远也不卖的卓越企业，它会一直使我们致富。虽然股票的确只有到抛售时才能实现收益，财富可能也全都"在纸上"，但完全可以不卖。

但投资者并非总能够长期持有一家卓越的企业，并非所有企业都能保持其卓越地位，就连巴菲特也时常卖掉一些企业。多年来，他对几百家企业进行了买卖。虽然买的时候他可能希望永远也不卖，但作为一名价值投资者，他也是在留有安全边界的情况下购买，因而准备了脱身之计，以免在情况不妙的时候赔本。而他购买并长久持有的企业很少。尽管他说，可口可乐是他永远也不会卖掉的企业，但 1999 年，当"市场先生"对可口可乐的定价达到疯狂的高度时，他非常后悔没有卖掉它。巴菲特的退出策略来源于他的投资标准。

巴菲特不断用他投资时所使用的标准来衡量他已经入股的企业的质量。尽管他最推崇的持有期是"永远"，但如果他的一只股票不再符合他的某个投资标准（比如企业的经济特征发生了变化，管理层迷失了主方向，或者公司失去了它的"护城河"），他就会把它卖掉。

2000 年，伯克希尔公司与证券交易委员会的往来文件揭示出他已经将他持有的迪士尼股份卖掉了一大部分。在 2002 年的伯克希尔年会上，一名股东问巴菲特为什么要卖这只股票。

永不评论自己的投资是巴菲特的原则，所以他模模糊糊地回答说："我们对这家公司的竞争力特征有一种看法，而现在这个看法变了。"

当巴菲特需要为更好的投资机会筹资时，他也会卖掉手头的一些资产。这在他的职业生涯早期是必然的，因为那时候他的主意比钱多。但现在，他已经不必这么做了。在伯克希尔的保险融资给他带来充足的资金之后，他面临的是一个截然相反的问题：钱比主意多。

他的第 3 个退出法则是：如果他认识到他犯了一个错误，认识到他最初完全不该做这样的投资，他会毫不犹豫地退出。

总的说来，在退出时机上，巴菲特会采用以下 6 种策略中的某一种或几种：

1. 当投资对象不再符合标准时。比如巴菲特出售迪士尼的股票。

2. 当他们的系统所预料的某个事件发生时。当巴菲特做收购套利交易时，收购完成或出现泡汤的时候就是他退出的时候。在上述任何一种情况下，特定事件是否发生都将决定投资者的成败得失。

3. 当他们的系统所得出的目标得到满足时。有些投资系统会得出某项投资的目标价格，也就是退出价格。这是格雷厄姆法则的特征。格雷厄姆的方法是购买价格远低于内在价值的股票，然后在它们的价格回归价值的时候（或两三年后依然没有回归价值的时候）卖掉它们。

4. 系统信号。这种方法主要由技术交易者采用。他们的出售信号可能得自特定的技术图表、成交量或波动性指标，或者其他技术指标。

5. 机械性法则。比如设定比买价低 10% 的停损点或使用跟踪停损点来锁定利润。机械性法则最常被遵循精算法的成功投资者或交易者采用，它们源自于投资者的风险控制和资金管理策略。

6. 在认识到犯了一个错误时。认识到并纠正错误是投资成功的关键。

投资标准不完善或没有自己的投资标准的投资者显然无法采用退出策略，因为他无从判断一个投资对象是否符合他的标准。另外，他在犯了错误的时候也不会意识到他的错误。

一个没有系统的投资者，不会有任何系统生成的目标或出售信号。他的最佳做法是遵循一种机械化退出法则。这至少能限制他的损失，但这同样无法保证他获得任何利润，因为他没有做像巴菲特这样的投资大师所做的事情：首先选出一类有正平均利润期望值的投资对象，然后围绕它建立一个成功的系统。

总的说来，知道何时卖出一只股票，比知道何时买入股票重要。

在讨论何时应当卖出股票之后，我们也要清楚，什么情况下不能卖。在以下情况下，巴菲特建议投资人不要卖出股票。

1. 股票已经回落。单看股票，股价运动传达的是无用信息，尤其是在短期内，完全不可预测的原因能导致股价向各种方向运动。股票长期运行的表现，很大程度上取决于公司未来现金流的变化——这和股价过去两周或一个月的表现没有什么关系。

你要牢记，当你买了股票以后，股票走势怎样不是最重要的。你不能改变过去，市场也不关心你在股票上是赚了还是赔了。调整股票价格的是该公司的未来，那才是当你决定是否要卖一只股票的依据。

2. 股票已经猛涨。再强调一次，股票过去怎样关系不大，真正重要的是你预期的公司未来会怎样。没有什么可以预示股票从上升的形态转而向下，就像没有什么可以说股票走出箱形，最终还会回来。如果我们能抛弃股票过去走势的所有图表（因为它们不能提供关于未来的任何有用信息），我们中的大多数人可能会成为好的投资者。

作为普通投资者，不要仅仅因为股价的涨跌卖出，但是经过认真的分析后，如果以下情况出现，应当卖出：你在第一次买入时犯了一个错误；公司基本面已经恶化；股价已经超出它的内在价值很多；你已发现了更好的投资机会；这只股票在你的投资组合里占了太大的比例。

不管方法如何，每一个成功投资者都应像巴菲特一样在投资的时候就已知道什么样的情况会导致他盈利或亏损。凭借自己的投资标准不断评估投资的进展，他会知道他应该在什么时候兑现这些利润或接受这些损失。

巴菲特提醒您

> 最理想的情况是我们应当永远持有投资，但事实是，几乎没有公司值得持有几十年，并且很少有投资者只买入了值得长期持有的股票。所以，在买入股票之前，你就要事先确定退出策略。

‖ 投 资 课 堂 ‖
卖出股票前需考虑的问题

不管什么时候，当你考虑要卖出一只股票时，你需仔细考虑下面 5 个问题，这样你将进入好的投资状态。

1. 你是否犯了某个错误？你在第一次评估这家公司时遗漏了某些事情吗？也许你认为，经过努力公司的经营管理会有一个好转，但是取得好转比你（或者他们）预想的难度大很多。或许你低估了公司竞争的激烈程度，或高估了公司发现新增长点的能力。无论是什么把事情搞糟了，你买入这只股票的理由已经不存在了，股票就不值得再持有了。如果你最初的分析是错的，卖掉损失的股票，支付一点税之后继续前进。

2. 基本面已经恶化了吗？经历几年的成功后，你投资的疯狂成长的公司的发展速度已经开始慢下来。公司需要积累现金，发掘有利可图的、新的投资机会还要经历一段艰苦的时光，而竞争正蚕食着利润。各种迹象表明，是到了重新评价公司未来前景的时候了。如果公司相对过去的一贯表现已实质性地变坏，就到了该卖出股票的时候了。

3. 股价是否已高出它的内在价值太多？当市场在一种十分乐观的情绪下振作起来，投资人在这个时期没有理由不投入进来，但这时我们通常要支付远远超过股票真实价值的价格。问问你自己：股票的市价比你对这只股票的估值多多少？你对股票的估值经过一段时间后是否增加了？你不应该仅仅因为股票价格有点高了，就卖出优秀的公司——你要支付资本利得税，而且还不能得到复合增长的收益。但如果是在异乎寻常的高价，那么即使最好的公司也应当卖出。

4. 你这些钱有更好的投向吗？作为一个投资者，你应该不断地寻找相对于风险有更高回报的机会来分配你的资金。为了购买前景更好的股票，卖出一个稍微有点低估的股票，即使你亏了钱，也没有什么可惜的。

5. 你在一只股票上有太多的投资吗？这是最好的卖出理由，因为它意味着你做对了并选择了赚钱的股票。关键是不要让贪婪影响了投资组合的管理。一项投资在你的投资组合中超过 10%～15%，也许该公司未来的前景是可靠的，但不管怎样还是应该把它所占的投资比例调低下来。

选准获利时机卖出

> 我们需要强调，我们不会仅仅因为股价已经增值，或因为我们已经持有了很长时间而卖掉它们。
>
> ——巴菲特

一旦股票价格达到其实质价值，就应该选准获利时机卖出。

格雷厄姆认为，当某只股票的价格已经达到它的实质价值时就是卖出的时机。他觉得，一旦股票价格超过了其实质价值，就几乎不具有潜在利益，投资人最好再寻找其他价格被低估的股票。

如果格雷厄姆以每股 15 美元买进一只他认为实质价值约有 30 ～ 40 美元的股票，当股票价格达到每股 30 美元时，他就会把这只股票卖掉，然后再继续寻找并投资于其他价格被低估的股票。

格雷厄姆发现，如果以低于该股实质价值的价格买进一只股票，持股的时间愈长，那么预期的年复利回报率愈低。因为如果某人以每股 20 美元买进某只实质价值为 30 美元的股票，在第一年时，该股价格就上涨至其实质价值，那么年复利回报率就达到 22%。如果花了 3 年时间，年复利回报率为 14.4%，4 年则为 10.6%，5 年则为 8.4%，6 年则为 6.9%，7 年则为 5.9%，到了第 8 年为 5.1%。

> 实际上，一般投资者也可以在股票的价格达到一定程度时获利卖出。这也就是通常我们所说的止盈卖出。

止盈就是保护盈利的意思。主要是针对买股票后，股票价格走高自己有一定的浮动盈利，如卖出股票又担心该股价格会继续上冲，赚少了，不卖出又担心股票价格快速回落，使自己的盈利化为乌有，这时就需要止盈单来帮忙了。而止损主要是针对投资者买入股票亏损后，防止损失进一步扩大。止盈强调既有的盈利不会再失去，甚至可以使自己的盈利尽可能最大化，避免出现"赚了芝麻，丢掉西瓜"的现象发生。

许多投资者都有这样的经历：当自己在 10 元左右买入某股，价格升到 12 元，差不多自己已盈利 20% 时，立即就卖出，但谁知该股却直线上扬，升到 18 元，令自己后悔不迭。埋怨自己虽骑上黑马，却被颠下了马背。还有一种情况就是在 10 元买了，当价格升到 15 元时，不想卖出，谁知该股却跌回 13 元，想想赚 50% 的时候没有走，现在价格赚 30% 也不能走，谁知却跌到 11 元，想想再不走就有亏损可能，只好勉强了结，自己几乎白忙一场。

从以上两个事例可以看出，出现此现象与投资者本身没有选准获利时机卖出有极大的关系。

作为投资者，选准获利时机卖出时可遵循以下准则。

一、选准获利时机卖出的观念

许多投资者都有止损观念，都知道亏损时卖掉股票认赔，却从来没有止盈观念。有时投资者盈利后看到股票略有下挫就及时出局，全然不顾该股上升势头良好，仍可看高一线的情况，错失后面一大截的利润。或者只知道先落袋为安，不清楚有止盈这回事。因为有了止盈观念，才有可能会有止盈的计划，也才可能让盈利充分增长，也就是"先有思后有行"。也许有人会说我都不知道盈利多少，怎么制定止盈方案呢！制定止盈的计划，一般在现在的盈利数的8%以内。就是说当自己买入股票后，该价格走高，自己已盈利30%。该股开始回落，回落了约8%，就立即卖出，以防止该股继续下跌，吞噬了自己已有的盈利。一般来说一只个股能从高位回落8%以上，就有可能继续回落20～30%以上，如果回落幅度在8%以内，说明该股仅是暂时调整之后会重拾升势，不必急于出局，以争取更大的盈利。

二、获利幅度也要注意大盘的走势

一般来说在大牛市时，个股震荡起伏空间较大，因此止盈幅度可适当放大。因为牛市时，尽量以持股为主，偶尔出现大回调，也会逐渐走高，因此放宽时间后，就不会被震荡出局，错失后市回稳的机会。而在大熊市时，止盈幅度可适当收窄。因为在熊市时个股均难逃下跌的噩运，即使有强庄进驻的个股，也往往会有走跌可能，或者是价格也不会升幅太大，因此一旦上升乏力，自己就应及时出局为上策，避免出现止盈单执行不了的情况。

三、选准获利时机卖出后不要后悔

有时个股出现走跌或回落，其价格正好触及自己的止盈价格，然后又步入升途，如不设止盈单，就会赚得更多的情况，但这时不应有后悔心理，或认为不必要设止盈单的想法，而应想想可能自己设置的止盈幅度不合理，应改进。另一方面自己止盈出局，毕竟也赚了钱，不要因为自己少赚而自责，要有点"阿Q"精神，同时，也可及时想办法进行补救，同样仍有机会。

四、获利的幅度要适当地调整

许多个股在上升过程中，或者由于主力洗筹，或由于外来突发因素使该股价格出现意料不到的变化，在此时要适当地调整止盈幅度，盈利越大则止损幅度可适当放宽，如将8%调整为10%、15%。盈利幅度不大时，则止盈的幅度也应适当的缩小，如5%，这样可以尽可能保护住已有的胜利果实。也许有人会说如有8%的盈利，肯定早已卖出了，其实这种做法有一定的危害性，因为尽管股市上个股极多，但真正在一段时间，个股有较大升幅的不多，能买到应该说非常好运。赚了一点就出局，一是交易成本大，二是出局后，总希望该股回落到自己卖出股票的价格以下，但往往是该股不会再回落，只好在更高价格追入，从而导致盈利减少。

总的说来，投资者在投资过程中要学习巴菲特，就要懂得如何选准获利时机卖出自己的股票。同时，要牢记巴菲特的至理名言："在别人担心时你要贪心，而当其他人贪心时你则应当担心。"

巴菲特提醒您

如果你能够以符合商业利益价格的好运气，买进具有持久竞争优势的公司的股票，就应该常买不卖。当然，一旦选好获利时机，出脱、持脱也绝对是合理之举。

‖ 投 资 课 堂 ‖
掌握合适的卖出时机

人市时机把握准确，你才成功了一半，掌握好合适的卖出时机，才是成功的投资者。

投资者的目的如果是既定的利润率，在市场给予的利润率达到一定的程度，而这个利润率在短期内进一步上升的可能性较小时，就是投资者卖出股票的时机。

投资者可制定盈利—亏损计划：上涨20%就获利了结（个别能量特别大的股票除外），跌入成本价8%的时候止损。

如果你是在K值小于D值时购买的，而这时的价位一般又较高，所有的利润率不会低，选择此时出仓是较为适宜的。

在行情已经下跌，短期内的好消息又不足时，即使你是在价位较高时进入的，也得"割肉出仓"，重新选股。要知道，少损失也就是相对的获利，因为它为下一轮行情保留了力量。

假如股价在两三周内（8～12天）急速拉升，成交活跃，通常称为"高潮活动期"。这时，考虑卖出股票。

卖出的时机掌握得再好，如果光思考着出货，不同时想着如何适时建仓，那么这就不是好的投资理念。所谓好的卖出时机，只是在一段时期内为了获取到现实利润而暂时离市。但从长期来看，离市不会获利，只有把资金留在市场中，才是获利的前提。

在实际操作中，有许多投资者在大盘刚启动时，不敢进入市场，而在行情已经发展到一定程度时，才考虑入市。对于这类投资者，更要在实践中好好领会巴菲特的投资策略，把握好出市和入市的时机。

何时止损卖出

买进靠耐心，卖出靠决心。

——巴菲特

如果你不愿意止损或限制损失的话，或许你就不应该买股票。

巴菲特是很多长期投资者所推崇的最佳导师，也是专注于长期投资中真正赚到大钱的名人。也许你会认为巴菲特一旦买进，就永远持有，都不会卖出，那你就错了。

巴菲特在所投资公司失去成长性、基本面恶化时，也会考虑止损！投资的止损不同于投机的止损，投机的止损只相对于价格的变化；而投资的止损还相对于基本面的变化。有些投资家宣称真正的投资永远都不需要止损是不对的。

> 个人投资者一定要明确并坚持这样一个原则：每只股票的最大损失要限制在持有成本的 7% ~ 8% 之内。

在投资实践中，由于投资额较大和通过投资种类多样化降低总体风险，大多数机构投资者在迅速执行止损计划方面缺乏灵活性。对机构来说，很难快速买入卖出股票，但快速买卖股票对它们执行该止损准则来说又是非常必要的。所以对于作为个人投资者的你来说，这是一个相对于机构投资者的极大优势。所以你要利用好这一优势。

如果你把限额定在 7% 或 8%，平均受损总额要更少一些。如果你能将所有失误和损失控制在平均 5% 或 6% 的水平上，你就会变成一支让对手无法向前运球的球队。只要不过多放弃第一次进攻权，他们又如何能够向你发起进攻？

现在这里有个秘诀：如果你用图表使买入时间与正确的买入时机精确吻合在一起，或是使买入点和图表所示的区域（价格巩固区）相吻合，股票很少会从买入价下跌 8%。这是在未来取得成功的关键之处。

另外，该原则并不是说你一定要等到每只股票损失达到 7% 或 8% 时才可以把它卖出去。有时，你会感觉到整个股市指数处于卖出压力之下，或是你所持有的股票走势不对，你的出发点不对。在这一情况下，或许一只股票只下降了 1 个或 2 个百分点，你就可以更早进行止损。

　　记住，7% 或 8% 是绝对的止损限额。你必须毫不犹豫地卖出那些股票——不要再等几天，去观望之后会发生什么或是期盼股价回升，也没有必要等到当日闭市之时再卖出股票。此时除了你的股票下跌 7% 或 8% 这一因素，就不会有什么东西会对整个行情产生影响了。

　　一旦赚了钱、获了大利，你就可以针对正常的股价波动给予比 7% 或 8% 限额多一点的空间。不要卖掉那些从股价最高点下跌 7% 或 8% 的股票，区分这二者十分重要。一种情形是，你的出发点有可能错了，股票的走势并非如你所预期的那样，你开始损失掉辛辛苦苦挣来的钱，也可能损失更多。另一种情形是，出发点是正确的，股票走势很好，你赚钱了。你用的是赚来的钱，所以你可以给予股价波动大一点的空间，也不会因为正常的 10% ~ 15% 的价格波动而提心吊胆。关键是要精确地在突破点时购入股票，从而使股价下跌 8% 的可能性最小化。

　　有一句投资谚语是这样说的：入市的第一次损失是最小的。进行投资决策的方法就是始终（毫无例外地）迅速进行止损，而股票赚钱时则要耐心一些。然而大多数投资者却让直觉给弄糊涂了，一有小赚就获利退场，却紧守住赔钱的股票不卖。

　　如果用我们所讨论的方法来投资，你所面临的真实风险有多大？不管你买的是什么股票，只要你笃定地按这个准则来，风险会是 8%。大多数投资者仍然会打破砂锅地问："坐在那里静观其变难道不比卖掉股票，承担损失要好吗？遇到由于突然的坏消息给予股价重创的非常情况时，该如何是好？任何时候都必须遵守该止损原则来吗？或者说会有例外吗，比如说某家公司开发出一种新产品？"

　　答案是：无一例外。情况不会因此有任何改观。你始终要去保护那辛辛苦苦挣来的资金。任由损失扩大几乎是所有投资者都会犯的错误。你必须接受现实，即使是对那些极具经验的专业投资人来说，选股和时机选择错误也会经常发生。

　　作为投资者，每一次买进前要确定 3 个价位，即：买入价、止盈价和止损价。如果这个工作没有做好，就不要进行任何操作，学习止损并善于止损才是在股市中生存发展的基本前提！

以下是几种简单的止损方法，可供投资者参考。

一、空间位移止损法

1. 初始止损法：在买进股票前预先设定止损位置，比如说在买入价下方的 3% 或 5% 处（短线，中线最多不应超过 10%），一旦股价有效跌破该止损位置，则立即离场。这里所说的"有效跌破"，一般是指收盘价格。

2. 保本止损法：一旦买入后股价迅速上升，则应立即调整初始止损价格，将止损价格上移至保本价格（买入价＋双向交易费用），此法非常适用于 T+0 操作，T+1 效果也不错。

3. 动态止损法：一旦股价脱离保本止损价格持续向上，则应该不断向上推移止损价格的位置，同时观察盘面的量价关系。如果量价关系正常，则向下一定比例设好止损价格继续持有，若量价关系背离，则应该立即出局。

4. 趋势止损法：以某一实战中行之有效的趋势线或移动平均线为参考坐标，观察股价运行，一旦股价有效跌穿该趋势线或平均线，则立即离场。

二、时间周期止损法

我们在买入股票前，要对买入股票设定持有时间，如 1 天、3 天、1 星期、2 星期等等。如果买入后持有时间已经到设定期限，但股价没有发生预期走势，同时也没有到达设定的止损位，这时千万不要转换持股的"时间周期"，立即离场，以免将"短线投机"变成"长线投资"，并最终成为"长期套牢"。

三、情绪波动止损法

如果买入股票后，感觉不好，寝食难安，这说明自己认为买入理由不充分或信心不足，这将影响今后的正常操作，故应果断卖出离场。

四、突发事件止损法

如果所买入股票发生重大事件，以致买入理由消失，则应止损离场，以免遭受更大损失。

以上就是几种简单的止损方法。当然，止损绝不是目的，但对于投资者而言，止损理念的彻悟和止损原则的恪守却是他们通向成功之路的基本保障。在实战中，这一理念的不断贯彻将使投资者的出手成功率不断提高，出手点愈加精确，虽然不一定能做到"百战百胜"，但却一定会做到"百战不殆"，止损规则设定的终极目标必将显现出来！

巴菲特提醒您

在你所投资的公司失去成长性，并且基本面恶化时，要及时止损。

‖ 投 资 课 堂 ‖
止损的误区

很多投资者对止损的认识是混乱甚至错误的，或者处于无知的状态，对止损的认识误区也是最多的，以下是一些有关止损的常见误区。

误区一：乱止损。

大多数初涉股市的新手，在因为不止损而遭受巨大损失之后，一般都会吸取教训，把止损当作一条严明的纪律，从而又走向另一个极端，陷入了一个新的误区：乱止损。

乱止损的后果是显而易见的，没有哪个账户经得起长期持续的止损。面对越止越瘦的账户净值，投资者往往会再次回到不止损的老路上，并在止损和不止损之间反复摇摆。

投资者要跳出止损和不止损的思维樊篱才能找到问题的答案。止损的目的是什么？止损的目的是控制风险，但是必须认清的是：止损并不是控制风险的唯一手段。投机迷宫里的陷阱是各种各样的，我们所犯的错误和所面临的风险也是各种各样的，唯有正本清源，从根本上少犯错误，少冒风险，才能降低止损的次数，才能使每一次止损都是必要的和值得的，而不是无谓的和自我伤害的。

误区二：有时止损，有时不止损。

在意识到止损的必要性，同时也尝到了乱止损的苦果之后，投资者还有一个死胡同，那就是有时止损有时不止损。当损失在自己可接受的范围之内时，比如亏30点的情况下就选择止损，但止损一旦扩大到100点就不止损了。这实际上是在根据损失的大小决定是否止损，而正确的做法是根据自己是否做错了决定是否止损。

止损并非灵丹妙药，它只是投资路上的安全带和降落伞。不系安全带并不意味着肯定撞车，系上安全带却会使投资更加稳健。止损是必要的，但只能作为防备万一的手段，对止损的滥用和误用只会造成伤害。

误区三：不止损。

任何一笔交易都不应该看作是孤注一掷的赌博，而是概率游戏中的一个分子。不执行止损操作，意味着不愿或没有勇气承认错误，潜意识里或者认为自己不会犯错，或者抱有侥幸心理。而根据墨菲定律，"如果某件事有可能变坏的话，那么这种可能性将会成为现实"。小错误会变成大错误，小损失会变成大损失，最终变得一发不可收拾。

换个角度讲，每个投资者都不会长寿到500岁，并用其中的大部分时间等待一个亏损变成盈利。每个投资者的资本金都是有限的，不能支撑无限的亏损可能。而面对错误不改正的投资者，显然是已经做好了"真想再活500年"的准备，也已经挖好了通往诺克斯堡（美国储备黄金之地）的地道。

止损可能是一个新的错误，只是可能而已，但不止损肯定是一个错误。两害相权取其轻，尽管大多数人都不愿承担确定的损失，但考虑到时间和资金有限，以局部的小损失换取全局的主动，显然是明智之举。

对大多数投资者而言，少犯错误，降低频率，小仓操作，一贯坚决地执行操作纪律，才能从业余升级为专业，走上长期稳定的盈利之道。

第二章
卖出股票的重要原则

甩掉损失，保住利润

> 我不会只为增加我们公司收入的一点零头就停止一项利润在正常水平以下的业务，但如果公司一旦出现将来可能会大亏本的迹象，那么，哪怕它目前效益很好，也不能继续提供资金。
>
> ——巴菲特

只有明确自己的投资标准，及时甩掉损失，才会取得成功。

一种成功的卖出股票的策略不可能独立于其他因素，它是一个投资者投资标准和投资系统的直接产物。这就是典型的盲目投资者兑现利润和接受损失如此困难的原因。实际上，投资成功的关键依赖于"甩掉损失，保住利润"。

通常，利润和损失都会让盲目的投资者紧张。当一笔投资小有盈利时，他们就开始担心这些利润会化为泡影。为了消除压力，投资者经常忍痛抛售股票。毕竟，专家们不是说"保住利润你就永远不会破产"吗？

　　在面对损失的时候，投资者可能会告诉自己那只是纸面上的损失——只要他不割肉。他一直希望这只是"暂时"的调整，价格将很快反弹。如果损失越来越大，他可能对自己说只要价格反弹到他的买价他就抛出。当价格继续下跌，对持续下跌的恐惧最终取代了对价格反弹的期望，他终于全部抛出——往往是在最低价附近抛出的。

　　大多数投资者都将投资错误等同于投资损失，但巴菲特对错误的定义更严格：不符合自己的投资标准。即使一笔不符合他的标准的投资最终盈利，他也将它视为一个错误。

　　如果说巴菲特坚定地遵守着他的投资标准，他怎么会犯这样的错误呢？这些错误大都是无意中犯下的。比如，他 1961 年用 100 万美元（也就是他的合伙公司 1/5 的资产）控制了登普斯特·米尔制造公司。这家公司位于一个离奥马哈 144 千米远的小镇，生产风车和农用设备。那时候，他使用的是格雷厄姆式的购买"烟屁股"企业的策略，而登普斯特公司就属于这种企业。作为控股股东，他成了董事长。他每个月都得恳求管理者们削减日常开支并减少存货，他们嘴上答应得好好的，心里却盼着他赶快回奥马哈。当他意识到收购这家公司是个错误后，他立即决定将它卖掉。

　　巴菲特发现，扭转企业的状况不是他的"特长"。为了纠正错误，他找到了他的朋友查理·芒格，而芒格认识一个叫哈里·伯特的人，他可能是登普斯特公司的"救世主"。哈里·伯特入主公司后，开始削减成本，大幅减少存货，挤出了不少现金。巴菲特把这些钱再投资到债券中。

　　1963 年，巴菲特将已经扭亏为盈而且有 200 万美元债券资产的登普斯特公司以 230 万美元的价格卖掉。巴菲特后来承认，如果他只是一个少数股东而不是企业的拥有者，他"纠正这类错误的速度会快得多"。

　　巴菲特最早投资的伯克希尔棉花制造公司成立于 1889 年。至 1929 年时，伯克希尔与其他纺织工厂合并，成为美国最大的工业公司之一。其生产的棉花占美国所需的 25%，并消耗掉新英格兰州发电量的 1%。至 1955 年，伯克希尔棉花制造公司和哈萨威制造公司合并后，改名为伯克希尔公司。但由于当时持续低迷，合并后的伯克希尔公司的日子并不好过，至 1965 年时，该公司股东权益已经滑落了一半，营运损失已超过了 1000 万美元。

20 世纪 70 年代后期，伯克希尔公司的股东们开始怀疑继续在纺织行业投资的明智性。巴菲特并未隐瞒困境，但多次表达了自己的想法：伯克希尔公司下属的纺织厂是所在地区最大的雇主；员工队伍相对来说只需较为固定的技能；企业管理班子显示出了高度的热情；工会也一直比较配合公司管理层的工作。总之，巴菲特相信经营纺织品仍有利可图。不过，他也声明，他希望纺织集团能以少量的资本支出取得正的收益。

伯克希尔公司进入 80 年代后，巴菲特逐渐从事实中悟出了一些道理。首先，纺织生意的特定本质决定了它不可能实现高回报率。纺织品是一种与竞争对手的产品很难区分的商品，国外的竞争者依靠雇佣廉价劳动力的低成本竞争优势挤压经营利润。其次，为了保持竞争力，纺织厂需要补充相当大的资本投入，这在通货膨胀的环境中是很可怕的，一旦经营回报匮乏就会陷入灾难之中。

巴菲特当时面临艰难的抉择。如果为了保持竞争力而对纺织分部投入大量资本，伯克希尔公司可能会陷入资本支出扩张但收入寥寥的境地；如果不追加投资，伯克希尔公司的纺织厂就会在与国内外其他纺织厂的较量中失去竞争力。而不论伯克希尔公司在纺织分部是否追加投资，国外厂家仍然具有雇佣廉价劳动力的低成本竞争优势。

1980 年，伯克希尔公司年度报表显露出了纺织分部的凶兆。那一年，纺织分部失去了它在董事长报告中的显著位置，紧接着第二年，报告根本未提到纺织业务。最终，1985 年 7 月，巴菲特终于删除了公司有关纺织部门的一页，从而结束了这项大约有 100 年历史的业务。

这是一项失败的投资，也是巴菲特投资经验的宝贵积累。尽管纺织部门遭遇不幸，但这一经历并不完全意味着失败。首先，巴菲特悟出了一个宝贵的教训：很少有人能成功地挽救一个病入膏肓的亏损企业。其次，巴菲特用纺织业务早期阶段创造的资本购买了一家后来成为伯克希尔公司摇钱树的保险公司——政府雇员保险公司，可谓失之桑榆，收之东隅。

实际上，对投资大师来说，退出都是不带情绪色彩的。投资大师关心的不是他会在一笔投资中赚多少或赔多少。他只是遵循他的系统，而他的退出策略只不过是这个系统的一部分罢了。

有时候，一般投资者在面对损失时，他也许会认为这只是暂时的调整，价格很快会反弹，直到最后亏本卖出。

一个投资者只有明确了自己的投资标准，随时树立"甩掉损失，保住利润"的思想，他才能取得成功。

巴菲特提醒您

大多数人都将投资错误等同于投资损失。事实上，如果你坚定地遵守你的投资标准，你就会很少犯下这样的错误。

当投资目标实现时果断脱手

股市并不是不可捉摸的，人人都可以做一个理性的投资者。

——巴菲特

不管你在一笔投资中投入了多少时间、心血、精力和金钱，你事先都应确定退出策略。

巴菲特不断用他投资时所使用的标准来衡量他已经入股的企

业的质量。如果他的一只股票不再符合他的某个投资标准，他就会把它卖掉。正因如此，投资大师从不会在不知道何时退出的情况下就盲目投资。

退出策略因人而异，与一个投资者的方法和系统有关，但每一个成功投资者都有一种与他的系统相吻合的退出策略。

有些投资系统会得出某项投资的目标价格，也就是退出价格。这是格雷厄姆法则的特征。格雷厄姆的方法是购买价格远低于内在价值的股票，然后在它们的价格回归价值的时候（或两三年后依然没有回归价值的时候）卖掉它们。

巴菲特这辈子经过手的股票至少有数百种，然而他的大笔获利，却总是来自于那些具备持久竞争优势的公司。他的长期投资理念让他总是长时间地持股，不轻易抛出手中的任何股票。当然他也并非死守长线而不知变通，一旦股价够高，投资目标得以实现时，他也会出脱持股。作为备受敬仰的股坛神话，巴菲特的进退之道显得相当灵活机动。

历史上巴菲特曾两次出脱手上的全部股票，即使是他所谓的长期核心持股，也全部出清。一次是在 1969 年，巴菲特认为在当时股市他已经找不到可投资的股票，所以出清持股，当时股市的本益比在 50 以上。第二次是在 1998 年，由于这次巴菲特持有的公司股票已经十分庞大，如果出清持股换成现金，必然因为流动性不足而造成股价下跌，所以这次他采用以伯克希尔股票并购股价净值比很低且净值中持有大量债券的再保险公司，也就是以高于伯克希尔公司真实价值的股票来换取持有大量债券的再保险公司股票，这时市场的本益比在 40 以上。所以如果你遇到所持有公司股票的本益比超过 40，甚至 50，应该就是卖出股票的时候，即便这是你的长期核心持股。因为我们深知，即使是我们所认同的好公司，也不能长期维持 50 倍的本益比。

人们常说，要战胜市场首先要战胜自己。股市上的投资人，无论是基金经理人还是一般的散户最难战胜的就是自己的贪婪。他们在股市调整下跌的时候恐慌不已，常常不知所措，跟着消息和所谓的"庄家"涌进涌出，对自己的行为不作理性分析，结果损失惨重；在股市上扬的时候，则希望自己买的股票涨了再涨，希望市场一往无前地上扬，没有顶点，希望自己的股票达到自己为它设定的短期内甚至永远无法达到的价位，结果当他们还沉浸在憧憬和梦幻中的时候，股市突然风云突变，开始下跌，将已经到手的收获瞬间化为灰烬，为自己留下永久的遗憾。

巴菲特之所以成功，最重要的就是坚持理性，坚守自己的投资理念，在市场低迷时乘机挑选投资对象，静待机会买进。在市场疯狂上涨时，冷静而不贪婪，股价一旦达到自己的获利预期，就果断获利脱手。

> 作为一般投资者也一样，当股价已经足够高，投资目标得以实现时，应果断脱手。

实践表明，当股市上升时，越接近顶峰，上升速度越慢。这就给投资人比较充裕的时间去判断市场趋向，及时卖出股票。股市到了顶峰时期，可能徘徊几个星期乃至几个月，而不是一到顶峰就下跌。这种现象给正确的判断增加了一定的难度。此时经济指标还可能上涨，但股市走在经济指标之前，很可能已是强弩之末，上不去多少了。

如果在股市周期的晚期卖出股票，虽然放弃了末尾期的上涨，但也避免了因对末尾期认识不清，滞留涨市过久的风险。这是保住既得利润的明智之举。

一个没有投资目标的投资者，不会有任何系统生成的目标或出售信号。他的最佳做法是遵循一种机械化退出法则，这至少能限制他的损失，但这无法保证他获得任何利润，因为他没有做像巴菲特这样的投资大师所做的事情：首先选出一类有正平均利润期望值的投资对象，然后围绕它建立一个成功的系统。

巴菲特提醒您

投资者应坚守自己的投资理念，在市场低迷时乘机挑选投资对象，静待机会买进。在市场疯狂上涨时，冷静而不贪婪，股价一旦达到自己的获利预期，就果断获利了结。

‖ 投 资 课 堂 ‖
判断进退时机的方法

作为一般投资者，判断进退时机的方法并不需要太多的专业知识。可以以下面两种方法判断进退时机。

1. 当大家近乎疯狂地在股市抢进抢出时，就是股市涨势近尾声、股价无法再涨的时候。如果连原本不太注意股市投资的人都进股市了，就表明可动用资金差不多都投入股市了，紧接着就后继无力，再没有资金可以拿出去推动股市涨升，股市必跌。

2. 当多数人都不对股市抱有希望、不愿再投资时，表示想卖股票的人都卖得差不多了。股市跌无可跌，只要有资金投入，就可以反弹涨升。

卖掉赔钱股，留下绩优股

当公司的业绩表现不佳时，最好出脱全部持股，转到新的投资机会。

——巴菲特

不要轻易卖掉绩优股，不能因为股票上涨就卖掉，好股票涨了还会涨。

巴菲特崇尚长期投资理念。他的爱好就是寻找可靠的股票，尽可能便宜地买进它们，尽可能长久地保存，然后坐看它的价值一天天地增长。

巴菲特指出，如果能够以符合商业利益价格的好运气，买进具有持久竞争优势公司的股票，就应该常买不卖。当然，一旦股价够高，出脱持股也绝对是合理之举。1969 年巴菲特以至少 50 倍的本益比把全部股票售出，1973 ~ 1974 年间，这些股票的本益比统统惨跌到个位数。巴菲特退场时向其他投资伙伴宣布：他作为价值投资人，目前却找不到任何有价值的投资标的，巴菲特决定退出战局。股市泡沫已经形成，意味着以价值为导向的投资人也应该退场，此刻是理智尚存的投资人们唯一一个全身而退的绝佳时机，而且是全部出售，并且是在将近市场价值的 3 倍，以盈余的 167 倍卖出。

巴菲特认为，如果投资标的有强大持久的竞争优势，管理阶层也很称职，那么你该继续持有，直到有人用天价向你买时为止。别担心股价的短期波动，因为好公司不在乎。但是，当公司基本面开始恶化、股票成为赔钱股时，就应果断卖出。

> 作为普通投资者，卖掉正在赔钱的有可能继续下跌的股票是很谨慎的行为。而留下收益显著的股票具有同样的意义，只要它们能够保持基本面的良好。

什么是赔钱股票呢？从高价位下跌就是吗？仅仅是投资者处于亏损状态，就能说明那只股票是赔钱的吗？

任何股价下跌都是亏损状态。股价下跌让投资人赔钱，损失利润。在某些情形下，投资人应当卖出股票。但在另外一些情况下，投资者在做出卖出股票的决定前，应再仔细考察一番。

确定一只股票是赔钱股还是绩优股，要看价格调整的原因。如果总体市场走弱或"正常的"日常波动导致的股价下跌，该股票可能仍然是绩优股。

然而，如果跌价的原因是长期性的，那就到了止损和换股的时候。长期的原因可能包括以下几种：

1. 销售额下降。

2. 税务问题。

3. 诉讼。

4. 熊市正在出现。

5. 更高的利率。

6. 对于未来利润的不利影响。

任何对长期收入前景造成不利影响的事件都会迅速把一只股票变为一个赔钱股。许多长短期投资人都会卖出手中仓位，换成潜在的优胜股。

投资者必须分析公司的成长并观察股价运行。从分析中，投资者可以确定一只股票的价值是否会增加、持平或开始下跌。分析有时会很困难，因为一个绩优股可能会暂时呈现出赔钱股票的表象。

日常价格波动、市场下跌与价格走弱这3种情形可以使优胜股显现出疲软的态势，但不一定就是卖出的信号。这些通常是暂时情况，因而是"卖出赔钱股"原则的例外。

有的人喜欢卖掉赢家，把输家留住。大概他们希望输家有朝一日变成赢家；有的人又固守着赢家，把输家卖掉。谁对谁错呢？这些人错在以市价代替了公司本身的价值。须知股价有时并不能代表公司的真正价值。投资者既要注意股价，又要注意公司本身的价值。

要是成长率中等的绩优股股价已经上升40%，又没有什么特别的喜讯，投资者就应该及时脱手。绩优股公司如连续两年市场占有率下降，没有新产品问世，新产品效果不佳，科研经费减少，花过多的钱收购别的行业里的公司，却没有回购自己公司的股票，投资者就应该将股票卖掉。

周期股企业如需求下降，存货过多，产品价格下跌，产品成本提高，或开工率接近饱和，新建厂房扩大产能，或国外竞争者进入市场时，投资者就要警惕。这类股票在经济高涨期结束时应予出售。买了绩优股百事可乐公司的股票投资者可以长年不必担心。但买了周期性强的环球航空公司的股票，投资者就不能任其沉浮了。

　　如果你买了一只股票，它的价位有时偏高，有时偏低。如在价位偏高时卖出，偏低时买进，然后再等到价位偏高时卖出，偏低时买进，如此反复操作多次，就可以赚到相当于几年的盈利。即使是你喜欢的股票，在适当时机也应舍得割爱，等到它跌价时再买进。这种利用市场时机一进一出的择时波段操作，比长期按兵不动能使你获得更佳的投资收益。但是，如果你对市场时机性把握不大，就不应勉强，否则会得不偿失。

巴菲特提醒您

　　持股时须密切注意，业务或外在环境的改变有可能将一家绩优公司变成一家赔钱公司，更可怕的是好公司可能会被完全拖垮。

‖ 投 资 课 堂 ‖
例外情况——以下情况并非卖出时机

一、日常波动

　　股价在每日交易中上下波动。看看任何一天的价位表，便可以知道每只个股的日常波动。股价也会从一个交易范围到另一个范围。例如，一只股票的价格可能会在30～35元间波动，但有时也会上升到40元，然后再跌回30～35元。该交易范围可看成是30～40元。当该股票价格上升并开始在40～55元的区间波动时，它又在新的、更高的价位上交易。

　　在价格走势图上可以更方便地观察交易范围和日常波动。投资者应当花时间熟悉前几个月的交易范围和波动。熟悉价格波动将有助于投资者区分正常的波动与新交易范围的突破。如果一个较低的股价位于正常范畴，它可能仍是一只优胜股，而且最初的分析显示该股票在收入和成长性方面是一只优胜股，那么即使该投资者正在承受小幅损失也不该脱手。因此，这种正常波动中的走弱并非卖出股票的时机。

二、股价上升，随后又下跌

股价上升到一个新的高度，然后又走低，这是一个相当常见的现象。因为一只股票若有一个较大的涨升，则许多投资者就会选择平仓获利。尽管获利无可厚非，但股价可能刚开始上涨。即便如此，获利行为不可避免，该股股价刚开始升到新高就将显示出向下的调整。

如果一只股票的价格低于其日常交易的范围，而股市未发生变动，这就是一个信号。如果一只股票日常在45～50元交易，跌至43元，又跌至40元，这时就该开始关注了。如果该股市中类似公司尚未显示出走弱的迹象，则该信号就更强烈了。这是一个卖出股票或者寻找股价下跌原因的信号。

三、市场下跌

整个股市的显著下跌可能会迫使一只优胜股的股价降低。所有的股票可能看起来都是赔钱股，其中一些将真的变成赔钱股。大多数此类严峻的市场调整只需一时的关注，并不值得恐慌。正如我们这几年所看见的，股市可以下跌100点、200点甚至500点，然后迅速恢复。调整前是优胜股的股票，在股市恢复后很可能再次成为优胜股。

如果股市在持续性的下跌中突然调整，并且看起来会在几天内保持稳定，则最好保持仓位，甚至考虑再买入一些股票。许多投资者认识到：1987年的剧烈调整就是一个买入时机。尽管道·琼斯指数波动不定，但它仍然在1989年初达到了新高。

除非股市剧烈调整并延续几周或几个月，否则股市调整不一定把优胜股变成赔钱股。如果股市持续下跌，投资者才应当考虑卖出，然后持币观望。持续的市场调整就是熊市，股价下跌而利率上升。

第七部分

把鸡蛋放在一个篮子里

——做一个集中投资者

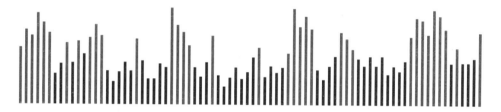

　　一直以来，在投资界存在着两种截然不同的投资策略：集中投资和分散投资。集中投资者主张把所有的鸡蛋放在一个篮子里，而分散投资者则主张把鸡蛋放在不同的篮子里。

　　巴菲特一直将自己的投资方略归纳为集中投资，他在投资机会没有出现时，往往选择按兵不动。不过，一旦那种可遇而不可求的绝好机会来临时，他会选择进行大量集中投资。而且他从来不关注股价的短期变化，不管股市短期跌升，都坚持持股。可以说，集中投资策略是巴菲特取得巨大成功的最大原因之一。

　　学习巴菲特的集中投资策略，或许对你的投资实践会有很大的帮助。

第一章

集中投资——赢家的智慧

"少而精"的投资策略

> 我不会同时投资 50 或 70 家企业，那是挪亚方舟的传统投资法。我喜欢以适当的资金集中投资于少数优秀企业。
>
> ——巴菲特

与其将你的钱分成若干小份频繁操作，不如集中力量做几个大的投资行为。

巴菲特一直将自己的投资方略归纳为集中投资，他实行"少而精"的投资策略。那么他在实践中是怎样运用他的这一策略的呢？那就是：选择少数几种能够在长期的市场波动中产生高于平均收益的股票，将你手里的大资本分成几部分资金投向它们，一旦选定，则不论股市的短期价格如何波动，都坚持持股，稳中取胜。这是一种极为简单有效的策略，是建立在对所选股票透彻地了解之上。一旦你决定运用并坚持这种策略，它将使你得以远离由于股价每日升跌所带来的困扰。不过，集中投资也可能亏损，一旦亏损损失将十分巨大，所以大多数投资者明知这是一种好的策略，也不敢轻易尝试。

传统的投资理论出于规避风险的需要，主张多元化投资，投资者手里一般握有一些超出他们理解能力的股票，有时甚至在对某只股票一无所知的情况下买入。而巴菲特建议，买 5 ~ 10 只，甚至更少的股票，并且将注意力集中在它们上面。

巴菲特认为，投资股票的数量决不要超过 15 只，这是一个上限，超过这个数字，就不能算是集中投资了。因为如果投资者手里握着几十只股票，他不可能将每一只股票都了解得很透彻，而这是非常危险的。

著名的英国经济学家约翰·梅纳德·凯恩斯曾说："那种通过撒大网来降低投资风险的想法是错误的，因为你对这些公司知之甚少，更别说有特别的信心了……我们每个人的知识和经验都是有限的，就我本人而言，在某一个特定的时间段里，能够有信心投资的企业也不过两三家。"

凯恩斯的这番见解，向我们传达出了这样一种信息：即在个人有限的知识与经验之下，与其多而广地选股，不如选择少数几只你了解并对它们十分有信心的股票。

凯恩斯的投资哲学对巴菲特影响深远，使他对"少而精"的选股策略深信不疑。

此外，另一位投资家费舍尔也主张"少而精"的投资策略。他说："我知道我对公司越了解，我的收益就越好。许多投资者，甚至包括那些专业的投资咨询家，他们从未意识到，购买那些自己根本不了解的公司的股票比集中投资要危险得多。"

巴菲特非常善于从这些伟大的投资家身上汲取营养并灵活运用，从进入投资界开始，他便坚持"少而精"、"宁缺毋滥"的投资策略。无论是凯恩斯、费舍尔还是巴菲特，都向我们传达了"少而精"的投资原则。

许多价值投资大师都采用集中投资策略，将其大部分资金集中投资在少数几只优秀企业的股票上，正是这少数几只股票为其带来了最多的投资利润。这正好与 80 ∶ 20 原则吻合——80% 的投资利润来自于 20% 的股票。

巴菲特说"少而精"的投资策略的投资回报类似于一个人买下一群极具潜力的大学明星篮球队员 20% 的未来权益，其中有一小部分球员可能可以进入到 NBA 殿堂打球。那么，投资人从他们身上获取的收益很快将会在纳税收入中占有绝大部分的比重。

巴菲特降低风险的策略就是小心谨慎地把资金分配在想要投资的标的上。巴菲特常说，如果一个人在一生中，被限定只能做出 10 种投资决策，那么出错的次数一定比较少，因为此时他更会审慎地考虑各项投资，才做出决策。

作为普通投资者，当然我们的公司价值分析能力很可能没有巴菲特那么杰出，所以，我们集中投资组合中的股票数目不妨稍多一些，但达到 15 只、20 只股票就足够多了。

巴菲特提醒您

如果你对投资知道得非常有限，那种传统意义上的多元化投资对你就毫无意义了。你不妨从中选出 5 ~ 10 家价格合理且具有长期竞争优势的公司，并把精力放在了解公司的经营状况上。

‖ 投 资 课 堂 ‖

初入股市，操作要少而精

众所周知，散户是股市里最大的弱势群体。他们人单力薄，资金少，信息闭塞，能力有限，但却承受着市场的各种风险。什么指数暴跌风险、政策摇摆风险、挤泡沫风险、查处违规资金风险、虚假业绩风险、欺诈拐骗风险、巨额亏损风险、套牢风险……他们无不首当其冲。庄家、机构投资者无不虎视眈眈地觊觎着他们的钱袋。他们的资金在种种风险侵袭下不断缩水，有的被深套，有的被腰斩，有的甚至血本无归。

根据近年来的市场运行规律，作为初入股市的散户投资者，首先要改变操作思路和策略，尤其要克服"尽力做多才能赚钱，频繁操作才能解套"的错误观念。恰恰相反，如今要多看少动，多研究少下单，下单要少而精，一定要打有准备之仗。具体讲，要贯彻以下3个"只参与"：

首先，只参与一年中的主要行情。除参与主要行情，其他时段任凭个股翻腾不动心，指数上蹿下跳不手痒。

其次，只参与主流热点。抓住了热点才有赚钱机会。如今市场热点全在机构的运筹帷幄之中。作为散户，唯有跟随基金为首的机构脚步走，才能跑赢大盘。所以，多研究基金为首的机构投资者的投资策略和思路，顺势而为，才能获得胜利。

最后，只参与主升段。当指数又在快速下滑时，你会为能在主升段中分到一杯羹而欣慰。

在股市里，我们要做到"少而精"！而不能三心二意，见异思迁！谈恋爱需要专一，爱一个人也要专一，我们做股票更需要专一！我们要做就做那些行情能持续的股票！对于那些抽筋似的昙花一现的股票我们可以不做，只当作市场的一道瞬间的风景而观赏。股市里，我们也要学会"有所为，有所不为"的原则。有些东西我们需要珍惜，有些东西我们也要舍得放弃！

持股越少，风险越小

集中投资于投资者非常了解的优秀公司的股票的投资风险远远小于分散投资于许多投资者根本不太了解的公司的股票。

——巴菲特

集中投资于被市场低估的优秀公司比分散投资于一般公司更能够降低真正的投资风险。

巴菲特认为，在股票投资中，我们期望每笔投资都能够有理想的回报。如果我们将资金集中投资在少数几家财务稳健、具有强大竞争优势并由能力非凡、诚实可信的经理人所管理的公司股票上，并以合理的价格买进这类公司股票时，投资损失发生的概率通常非常小。

还有，风险和投资者的投资时间也有关系。他解释说，如果你今天买下一只股票，希望明天把它卖出去，那么你就步入了风险交易。预测股价在短期内攀升或下跌的概率就如同预测抛出的硬币的正反面的概率一样，你将会损失一半的机会。如果你把自己的投资时间延长到几年，你的交易转变成风险交易的可能性就会大大下降。当然，你购买的必须是优势股。

巴菲特认为，如果你今天早上购买可口可乐股票，明天早上要把它卖出去，那么它将是一笔风险非常大的交易。但是，如果你今天早上购买可口可乐的股票，然后持有 10 年，这样，就把风险降到了零。

巴菲特在伯克希尔公司 1993 年年报中给股东的信里对集中投资与分散投资的风险程度进行了深入的分析："我们采取的战略是防止我们陷入标准的分散投资教条。许多人可能会因此说这种策略一定比更加流行的组合投资战略的风险大。我们不同意这种观点。我们相信，这种集中投资策略使投资者在买入股票前既要进一步提高考察公司经营状况时的审慎程度，又要提高对公司经济特征的满意程度的要求标准，因而更可能降低投资风险。在阐明这种观点时，我采用字典上的词条解释将风险定义为'损失或损害的可能性'。"

很多投资者为了回避投资风险，往往把资金分散在不同的股票上。与投资大师不同的是，他们根本不理解风险的本质，他们不相信赚钱的同时避开风险是有可能的。更为重要的是，尽管分散化是一种让风险最小化的方法，但它也有一个令人遗憾的副作用，即利润也会最小化。

在实际操作中，一般投资者很难精确衡量公司股票投资风险。但在某些情况下，它可以用一定程度的有效精确性来判断。与这种估算相关联的主要因素是：第一，评估的企业长期经济特性的确定性。第二，未来税率和通货膨胀率，二者将决定投资者取得的总体投资回报的实际购买力水平的下降程度。第三，公司的收购价格。第四，评估的企业管理的确定性，包括他们实现公司所有潜能的能力以及明智地使用现金流量的能力。第五，管理人员值得依赖，能够将回报从企业导向股东而不是管理人员的确定性。

这些因素很可能会把许多分析师搞糊涂，因为他们不可能通过任何数据库得到以上风险因素的评估，但是精确量化这些因素的困难既不能否定它们的重要性，也不能说明这些困难是不可克服的。投资者也可以通过一种不精确但行之有效的方法，而不必参考复杂的数学公式或者股票价格历史走势，也一样能够确定某个投资中的内在风险。

如果投资者能够通过将自己的投资范围限制在少数几个易于理解的公司中，一个聪明的、有知识的、勤奋的投资者就能够以有效且实用的精确程度判断投资风险。

巴菲特提醒您

投资真正的风险在于投资者投资的税后收益是否能给他带来至少和他投资前一样的购买力，再加上初始资金的适度利息。

持股越少，获利越多

打一枪换一个地方的投资者，只能算是投机者。事实上，没有看见过几个投机者能不败下阵来的。

——巴菲特

集中投资既降低风险又能提高获利水平，何乐而不为呢?

采用集中投资方式尽管年度投资回报率波动性大，但从长期来看，获利却远远超过市场平均水平。而分散投资方法是不可能取得这么好的总收益的，最多取得相当于市场平均水平的投资回报。由于大多数投资者根据现代投资组合理论选择分散投资策略，采用集中投资的持续竞争优势价值策略就具有了一定的竞争优势。正如巴菲特指出的："我们宁愿波浪起伏的15%的回报率，也不要四平八稳的12%的回报率"。

许多投资大师出众的投资负债及大量的实践证明，尽管其投资回报率波动性远远超过市场平均水平，但其长期平均年投资回报率也远远超过了市场平均水平。

查理·芒格管理其合伙公司时，将投资对象仅集中于少数几只股票上，其股票波动率非常巨大，在1962～1975年的14年间年平均投资回报率以标准差计算的波动率为33%，接近于同期道·琼斯工业平均指数波动率18.5%的2倍。但其14年中年平均回报率为24.3%，相当于同期道·琼斯工业平均指数年平均回报率6.4%的4倍。

凯恩斯运用集中投资策略使他在1928～1945年的18年间年平均投资回报率以标准差计算的波动率为29.2%，相当于英国股市波动率12.4%的2.8倍，但其18年中年平均回报率为13.2%，而同期英国股市年平均回报率只有-0.5%。

巴菲特自从 1965 年接手伯克希尔公司后，伯克希尔公司每股净值由当初的 19 美元成长到现在的 50498 美元，年复合成长率约为 22.2%。在战后美国，主要股票的年均收益率在 10% 左右，巴菲特却达到了 22.2% 的水平。

如果巴菲特不进行集中投资，而采用传统的分散投资策略，持有包括 50 种股票在内的多元化股票组合，基本上没有什么优势。

假设伯克希尔持有的每一种股票均占 2% 权重，那么分散投资的加权收益率仅有 2.1%，略微超过标准普尔 500 指数的 1.2%。

可见，在获胜概率最大的股票集中投入最多的资金，这是巴菲特持续获利的最大原因，也是他 40 多年来持续战胜市场的主要原因。

以下节选了巴菲特从 1994 ～ 2003 年 10 年间股票投资组合集中度以及投资收益率。

年份	主要持有股票数目	成本／百万美元	市值／百万美元	占组合比重	投资收益率
1994	10	4555.661	13973.272	100.00%	206.72%
1995	7	4366.100	19344.900	87.93%	343.07%
1996	8	5975.700	24455.200	88.12%	309.24%
1997	8	5029.800	31780.500	87.68%	309.24%
1998	7	4361.000	32130.000	86.22%	636.76%
1999	6	4023.000	30160.000	81.50%	649.69%
2000	5	3699.000	28118.000	74.74%	660.15%
2001	7	4440.000	22949.000	80.03%	416.87%
2002	8	4543.000	22980.000	81.02%	405.83%
2003	10	5652.000	30605.000	86.73%	441.49%
合计	227	65133.913	312150.942	2471.65%	7394.62%
年平均	8.41	2412.367	11561.146	91.54%	273.87%

总之，集中投资相对于分散投资，战胜市场的概率更大。由以上的数据分析中我们完全可以看出：

1. 在 3000 种 15 只股票的组合中，有 808 种组合战胜市场。

2. 在 3000 种 50 只股票的组合中，有 549 种组合战胜市场。

3. 在 3000 种 100 只股票的组合中，有 337 种组合战胜市场。

4. 在 3000 种 250 只股票的组合中，有 64 种组合战胜市场。

也就是说，在投资组合中选择 15 只股票，战胜市场的概率是 1/4；而在投资组合中选择 250 只股票，战胜市场的概率只有 1/50。

在以上的分析中，还没有把交易费用考虑进去。如果考虑交易费用，投资越分散，交易成本越大，战胜市场的概率更小。相反投资越集中，交易成本越小，战胜市场的概率越大。

巴菲特提醒您

投资组合中的股票数量越多，投资越分散，组合收益率超过指数收益率的概率越小。相反，投资组合中的股票数量越少，投资越集中，组合收益率超过指数收益率的概率越大。

传统分散化的弊端

多元化是针对无知的一种保护。对于那些知道他们正在做什么的人来说，多元化毫无意义。

——巴菲特

分散投资往往将资金投在连投资人自己都并不清楚的股票上。

"你拥有多少都不算多。"这句话你在华尔街投资顾问那里是听不见的。他们更有可能遵循的传统信条就是：

1．你应该把资金分散到股票、债券和现金中。

2．你的股票组合应该包括多种股票，最好分散到各种行业甚至不同国家。

然而，分散化的对立面，也就是集中于少数投资对象，正是巴菲特的成功要诀。

巴菲特说："如果你对投资略知一二并能了解企业的经营状况，那么选 5 ～ 10 家价格合理且具有长期竞争优势的公司就足够了。传统意义上的多元化投资对你就毫无意义。"

传统的多元化投资的弊端在哪里呢？可以肯定的一个问题是投资者极有可能买入一些他一无所知的股票。

对投资略知一二的投资者，最好将注意力集中在几家公司上。其他坚持集中投资哲学的人则建议数量应更少些。

要简单回答"到底要买多少种股票才算是集中持股"的问题，按巴菲特学派的人来说，其答案就是持股最多不超过 15 种。

1943 年，凯恩斯在写给一位商界朋友的信中提到："如果投资人以为将资金分散投资于不同企业就可以降低风险，那就大错特错了。其实他们对所投资的公司的营运现况并不熟悉，更别提能完全掌握这些公司的未来发展……每位投资人的了解其实都很有限，就连我自己都无法在短时间内对两三家企业有完全的了解。"巴菲特常常引述英国经济学家凯恩斯的话来证明他的理论的正确性。

影响巴菲特更多的应该是费舍尔。费舍尔是近半个世纪以来美国最杰出的投资顾问，他的两本著作《非常潜力股》和《投资股票致富之道》一直被巴菲特所称颂。

费舍尔以价值投资组合而著名，他喜欢集中持有少数他充分了解的绩优股。自 1929 年美国股票市场大崩盘之后，费舍尔便成立了自己的投资顾问公司，同时也体会到了让委托客户获利的极端重要性。他认为，如果对投资标的越了解，操作成绩就会越好。

费舍尔也是著名的集中证券投资家，他总是说他宁愿投资于几家他非常了解的杰出公司，也不愿投资于众多他不了解的公司。费舍尔是在1929年股市崩溃以后不久开始他的投资咨询业务的。他仍清楚地记得当时产生良好的经济效益是多么至关重要。"我知道我对公司越了解，我的收益就越好。"

1958年，他在《普通股》一书中写道："许多投资者，包括那些为他们提供咨询的人，从未意识到，购买自己不了解的公司的股票可能比你没有充分多元化还要危险得多。"他还说："最优秀的股票是极为难寻的，如果容易，那不是每个人都能拥有它们？我知道我想购买最好的股票，不然我宁愿不买。"

巴菲特说："我们采用的战略排除了紧随的分散化教条"，"许多学问高深的人因此说，我们的战略比更传统的投资者采用的战略风险更大。我们相信，投资组合集中化的措施能有效地降低风险，如果这种措施既提高了——像它应当作到的那样——投资者考虑公司的强度，也提高了投资者在购买公司股票前对公司经济特点的满意度。"有句话说，通过有目的地集中在少数几家公司的股票上，你就能更好地研究它们，并且更能理解它们的内在价值。你对你投资的公司了解得越多，你可能承担的风险就越小。

巴菲特说："分散化是保护无知的挡箭牌。如果你想要确定，相对于市场，不会有任何不利的事情发生在你身上，你就应该拥有市场上所有的股票。这并没有错。对那些不知道如何分析公司的人来说，这种方法完全正确。"

作为一般投资者，也许我们分散投资的目的是为了分散风险，但是在分散风险的同时也会分散了收益，这是一把双刃剑。

让我们对比一下分散化和集中投资策略，分散化投资策略包括100只不同股票；集中化投资策略只有5只股票。

如果分散化组合中的某只股票的价格上涨了一倍，整个组合的价值就上涨 1%，但集中化组合中的同一只股票却将投资者的净资产提高了 20%。

如果分散化组合的投资者要实现这样的目标，他的组合中必须有 20 只股票价格翻倍，或者其中的一只上涨 2000%。现在，你认为哪种做法更简单？

是找出一只价值可能翻倍的股票容易，还是找出 20 只价格可能翻倍的股票容易？

答案是不用说的。

当然，从另一方面看，如果分散化投资者的一只股票下跌了一半，他的净资产仅下降 0.5%。如果同样的事情发生在第二种组合中，集中化投资者的财富将损失 10%。

但是找出 100 只不太可能下跌一半的股票，或者找出 5 只不太可能下跌一半的股票？哪种做法更简单？答案同样是不用说的。

分散投资分散了风险，同时也分摊了利益。在市场一味向好的时候，这是有些人所不能接受的，尤其是新手，看到自己股票的平均收益才有 5% 多点，看到另外的股票收益有 20% 和 40%，甚至更高，肯定会想"要是我持有那只股票该多好啊"。于是有人就会在所谓的长期跟踪后，在 3 个月或者更短的时间里，卖掉自己手里的，买上前段时间表现更好的，以此来赢取未来更大的收益。

投资的目的就是为了获取更大的收益，这样的做法无可厚非，但是效果呢？往往会事与愿违，有这样一种想法的人是一种典型的贪婪。

巴菲特提醒您

　　分散化投资如果持股太过复杂，失败的可能性将增加。

第二章

如何进行集中投资

找出杰出的公司

我们的投资仅集中在几家杰出的公司身上，我们是集中投资者。

——巴菲特

杰出的公司有着稳定的管理，这种稳定性使公司未来更有可能表现出众。

一直以来，巴菲特有一套选择可投资公司的策略。他认为，如果一家公司经营有方，管理者智慧超群，它的内在价值将会逐步显示在它的股价上。巴菲特的大部分精力都用于分析公司的经济状况以及评估它的管理状况上，而不是用于跟踪股价。

巴菲特的分析过程包括根据一套投资准则和基本原则来评估每一次机会。这些准则，可以被看作是一套工具传动带。每一条准则都是一种分析工具，这些准则综合起来，提供了一套方法，来挑出那些有更多机会产生高经济收益的公司。

对于集中投资者，我们的任务是做好自己的“家庭作业”，在无数的可能中找出那些真正优秀的公司和优秀的管理者。

投资者如果紧紧跟随巴菲特的投资准则，就一定能找到那些对集中投资有意义的公司。这些被选中的公司长期表现杰出，有着稳定的管理，这种稳定性使公司未来更有可能表现出众，就和公司过去的表现一样。

巴菲特发现，二流的公司真的不会有可预期的收入。一家原本经济状况就不好的公司更是如此，虽然或许会有一段有希望的时期，但是到最后商业的残酷竞争还是会排除任何会增加公司价值的长期利润。

他也发现，事实上，一般的或二流的公司永远随波逐流，而股市看到其黯淡的未来后绝不会对该公司有热忱。所以说，那只是一家股票不值钱的公司。巴菲特还发现，即使该企业的市场价格逐渐接近预期的实质价值，投资人的获利仍旧不理想，因为所得只限制在实质价值与市场价格之间。此外，资本所得税也会吃掉获利，因为该公司的原本经济状况就不理想，继续持有它就像是搭乘一艘无目的地的船。

巴菲特投资华盛顿邮报就很好地说明了他的观点。对于华盛顿邮报，巴菲特在1973年用973万美元购买了大约1727765股。他到今天仍持有那项投资，而它的现时价值将近13亿美元。对华盛顿邮报投资的24年时间，给了巴菲特一个将近18%的年累计回报率。

巴菲特承认在过去的4年，即使他偶尔会用超出其实质价值的市场价格卖出持股，但他仍继续持有该项投资，因为那是个杰出的企业。也是因为他知道要充分发挥累计回报率的神奇效果，必须持有该项投资一段时间。

GEICO是另一家巴菲特认为表现杰出的公司。巴菲特大约在1972年获得价值4571万美元的GEICO股票。到了1995年，这些股票大约价值是17.59亿美元，给了巴菲特一个约17.2%的年累计回报率。

他也喜欢以可口可乐作例子。可口可乐在1919年以每股40美元公开发行。如果当时用 40 美元买到一股，并且持有它直到 1993 年，包含再投资所有的股息，这一种股票价值会增长到超过 210 万美元，投资的年累计回报率约为 15.8%。

所以巴菲特得出结论：一个二流企业最有可能仍旧是二流的企业，而投资人的回报结果也可能是二流的。廉价购买带给投资人的好处会被二流企业的低收入侵蚀。巴菲特知道时间是杰出企业的好朋友，却是二流企业的诅咒。他也发现，一个杰出公司的经济状况是完全不同于那些二流公司的。如果能买到某家杰出公司，相对于二流公司的静态价值，杰出公司会有扩张价值，其扩张价值最终会使股市带动股票价格。因此杰出公司扩张价值现象所带来的结果就是：如果该公司持续成长，无限期地持有投资就比撤出来更有意思。这会使投资人延后资本所得税的缴纳直到某个遥远的日子，并且享受累计保留收益的成果。

巴菲特的基本原则将会带他走进那些好的公司，从而使他合情合理地进行集中证券投资。他将会选择长期业绩超群且管理层稳定的公司。这些公司在过去的稳定中求胜，在将来也会产生高额收益。这就是集中投资的核心：把你的投资集中在那些最有可能有杰出表现的公司上。

巴菲特提醒您

一个二流公司最有可能仍旧是二流公司，而投资人的结果也可能是二流的。如果能买到杰出的公司，无限期地持有，将会出现神奇的累计回报率。

押大赌注在高概率事件上

> 对你所做的每一笔投资，你都应当有勇气和信心将你净资产的 10% 以上投入该股。
>
> ——巴菲特

当用同一种衡量标准，收益的概率大大超过损失的概率时，投资就没有那么大的风险了。

作为一个伟大的投资家，巴菲特绝不轻举妄动。在没有出现好的机会时，他往往选择按兵不动。他常常用好几年的时间来关注某一家公司，有时甚至亲自前往考察公司的管理与经营状况。当考虑成熟之后，他所做的便是抓住机会，在一个合理的价格大举买入，进行大量投资。

费舍尔对巴菲特的影响也反映在他的信仰中，即当你突然遇到一个大好机会时，唯一的理性反应就是进行大额投资。今天，巴菲特也坚信这种思想："对于自己进行的每一项投资，你都应当有勇气和信心投入自己投资于股票价值的至少 10%。"

巴菲特说："用盈利的概率乘以可能的盈利数额，再从中减去损失的概率与可能损失的数额的乘积。把可能损失数量的损失次数概率从可能盈利数量的盈利次数概率中除去。这就是我们一直想做的。"

巴菲特坚持投资成功的前提是寻找到了概率估计的确定性。"我把确定性看得非常重……只要找到确定性，那些关于风险因素的所有考虑对我而言就无关大局了。你之所以会冒重大风险，是因为你没有考虑好确定性。"如果在概率较低的情况下进行集中投资可能会给投资者带来很大的亏损。

巴菲特判断股票投资输赢概率的高超技巧主要来自于他最大的

爱好——打桥牌。他经常说："如果一个监狱的房间里有 3 个会打桥牌的人的话，我不介意永远坐牢。"

巴菲特认为打桥牌与股票投资的策略有很多相似之处："打牌方法与投资策略是很相似的，因为你要尽可能多地收集信息，接下来，随着事态的发展，在原来信息的基础上，不断添加新的信息。不论什么事情，只要根据当时你所有的信息，你认为自己有可能成功的机会，就去做它。但是，当你获得新的信息后，你应该随时调整你的行为方式或你的做事方法。"

从巴菲特打桥牌的爱好中，我们不难了解他的股票投资策略。巴菲特谈到桥牌时说："这是锻炼大脑的最好方式。因为每隔 10 分钟，你就得重新审视一下局势……桥牌就好像是在权衡赢得或损失的概率。你每时每刻都在做着这种计算。"

也许伟大的桥牌选手和证券分析师一样具有非常敏锐的判断能力，他们总是在计算着获胜的概率。同样，他们也都要对一些难以捉摸的东西做出决策。

在 1963 年巴菲特购买美国运通公司的股票时，已经开始运用概率法则了。当时美国运通公司的股票由于一桩商业丑闻，股价从 65 美元直落到 35 美元。巴菲特认为这是一个千载难逢的买入机会，他一举将公司资产的 40%，共计 1300 万美元投入这家公司。事实证明，巴菲特这次"押大赌注"的举动取得了成功，在接下来的两年里，美国运通公司的股票一路上扬，翻了 3 倍，而巴菲特的合伙公司也赚到了巨额的利润。

不过，巴菲特的"下大赌注"是建立在他对行情充分了解基础上的，是经过慎重考虑的。巴菲特说过："慎重总是有好处的，因为没有谁能一下子就看清楚股市的真正走向。5 分钟前还大幅上扬的股票，5 分钟后立即狂跌的情况时有发生，你根本无法准确地判断出这个变化的转折点。所以，在进行任何大规模投资之前，必须先试探一下，心里有底后再逐渐加大投资。"只有在经过理性分析，对所要投资的股票做到心中有数，你才能一举投入大笔资金，否则将是非常危险的。

许多普通投资者往往在对股票还不是很了解的情况下，听信一些小道消息，认为赚大钱的机会到了，就将辛苦赚来的钱，甚至是借来的钱投到其他股票上，这种盲目的冒险往往会给自己和家庭带来危机与不幸，是极不可取的。我们在学习巴菲特"下大赌注"的投资策略时，一定要弄清事情的前提，做到心中有数。

巴菲特提醒您

作为集中投资者，他手里持有的股票数量不会有很多，而且每一只股票都是通过精挑细选的。不过在这些被选中的股票里，也有一部分股票优于其他股票，这种情况要求投资者不应平均分配资产，而是要将更多的资金分配在最佳的股票上。

‖ 投 资 课 堂 ‖
概率的主观判断

在股市这个领域中，有数以百计甚至数以千计的各种力量，形成合力，推动股价变化。所有这些力量都在不断运动变化之中，每一种对价格都有巨大的冲击力。没有一种力量可以有绝对的把握做出预测。投资者辨认并放弃不了解的股票集中投资于了解的，就是概率的实践。

例如，如果我们抛硬币10万次，估计头像向上的次数就为5万次。注意，我并没有说，一定等于5万次。大数法则说，只有反复重复无数次时，相对频率和概率才一定相等。理论上说，我们都知道，在抛硬币的过程中，得到头像的概率是1/2，但是除非已经抛了无数次，我们并不能说概率一定等于1/2。

在任何不确定的问题中，很显然，我们不能做出确定性的陈述。

然而，如果问题已经被限制住了，我们就可以列出所有可能的结果。如果一个不确定的问题重复得足够多，各种结果的概率应当能反映不同结果的概率。

不论投资者是否认识到，实际上他们所做出的所有决定都是概率的实践。对他们来说，要想成功，在他们的概率推算中应把历史记录和最近的资料结合起来。

耐心等候

不要试图在短期操作中运用集中投资，你至少应该愿意在某只股票上花5年或者是更长的时间。在实行集中投资战略时，长期的投资能体现出企业的真实价值，并增加投资的安全性。

——巴菲特

对于集中投资者来说，只有耐心等待才能保证投资获得成功。

巴菲特的成功使他成为一个令人敬仰的人物，可是你有没有想过，其实他成功的最大原因之一就是他的耐心。

从他1956年合伙成立第一个投资公司以来，美国的股市长期来说就是一个牛市，许多人没耐心，跑进跑出，换来换去买股票，可是巴菲特却一直走到底，许多股票一买就是十几年不动。他的方法简单至极，他的成功无人能及。在股票低于实际价值时买入，坚决持有至价值被发现，如过分超过其内在价值当然他也会抛出，等回落再买，但是这样的机会十几年才有一回。

短期内，利率的变化、通货膨胀等因素会影响股价。但是，如果我们把时间跨度拉长，反映公司基础商业经济状况的趋势线会逐渐主导股价的起伏。

> 作为一个股票投资者，耐心是极为重要的素质。传统的投资策略讲究多元化与高周转率。由许多只股票组成的投资组合可以每天都会发生变化，不断频繁地买进卖出是其鲜明的特色。巴菲特非常反对这种不断变化的投资组合，因为投资者只有耐心持股，才有机会在长时间里获得超出一般指数的成绩。

一般说来，短期股价的波动可能受到诸如利率变化、通货膨胀等外界因素的影响，但当时间的跨度足够长时，这些外界因素的影响将趋于稳定，股价才能更为客观地反映出持股企业的经济效益状况。

巴菲特经常说，只要他觉得对某只股票满意，他就会去买，即使接下来交易所关门10年也无所谓。巴菲特认为，他买某只股票就是想永久拥有它，而绝不是因为感到它要上涨。

很多时候我们不能测定一只股票的真正价值，不过一旦我们发现自己认为值得购买的股票就要果断地买下来，并且无须每天都盯着计算机屏幕猜测股价下一步的变动方向。你要相信，如果你对某个公司的看法是正确的，而且你正好在一个合适的价位买下了它的股票，你只需耐心地等待便可以了。

价格波动是集中投资的必然副产品。不管从学术研究上还是从实际案例史料分析上，大量证据表明，集中投资的追求是成功的。从长期的角度看，所持公司的经济效益一定会补偿任何短期的价格波动。巴菲特本人就是一个忽略波动的大师。另一位这样的大师是巴菲特多年的朋友和同事查理·芒格。查理是伯克希尔公司的副总裁。那些倾心钻研并酷爱伯克希尔公司出类拔萃的年度报表的人都知道巴菲特与查理彼此支持，互为补充，二人的观点有时如出一辙。芒格与巴菲特在态度和哲学观念上亦丝丝相扣，互为影响。

大多数投资者不可能像巴菲特那样，将持股的期限定为"永远"。他自己当然也不太可能做到这一点。不过，巴菲特所认为的

5 ~ 10 年的持股时间，相对于那种头天买进第二天卖出的持股时间来，可能也算得上是永远了。从高周转率走向零周转率，就像从一个极端走向另一个极端，是非常不明智的做法，因为你可能因此丧失更好的机会。

很少有投资者能做到持股 5 ~ 10 年，因为在这一漫长的时间段里，股价的波动可能会极为剧烈。利率、经济景气指数及公司的管理层都有可能发生很大的变化，进而影响到股价的波动。对大多数投资者而言，股价的波动将大大地刺激到他们的神经。在传统的多元化投资组合中，不同个股的波动将最终产生某种平均化的效果，其带来的后果可能被抵消。但由于集中投资的特性，使得股价波动将影响巨大。所以，那些实行集中投资策略的投资者，更需要加倍的耐心与智慧来应对由股价波动所带来的巨大冲击。

有些投资者好不容易选中了一只股票，买入后却发现别的股票上涨，而它却老是不动。一开始还有些耐心，心想下次也许就轮到它涨了。可是一等再等，它就是"瘟"在那里，而别的股票却涨个不停。这时也许你就没有耐心了，一气之下将它抛掉。可是一段时间后，它又使劲往上涨，叫你后悔莫及。

其实，成百上千只股票，不可能要涨一齐涨，总有个先后。而且，一只股票涨，也总有个能量积蓄的过程。所以，当牛市来了，只要你所选的股质地好，价位低，公司基本面没有发生问题，别的股票都涨了，它就不可能永远不涨。这时你只需要有耐心，考量自己当初选它买它的理由是否发生质的变化。相反，在你的等待中，别的股都涨上去了，你再将便宜筹码拱手让人而去追高，到头来往往是得不偿失的。

对集中投资者来说，耐心是必备的素质，要想得到超出市场平均值的回报，你必须有超常的耐心等待，不要被短期行情所影响。只要你相信自己是对的，就一定要坚持。

巴菲特提醒您

理想的时间期限应当是多长呢？对于这点，并没有一个硬性的规则。它的目的并不是让你不要转手。要知道，非东即西的想法是愚蠢的，因为那样当机会到来的时候，你就会错过它。作为一个一般的规则，我们可以考虑把转手率界定在 10% 和 20% 之间。10% 的转手率表明，投资者持有股票 10 年，20% 则表明持有 5 年。

‖ 投 资 课 堂 ‖
持币的耐心也是很重要的

大凡股市中人都知道耐心是成功投资股市的最基本的素质，尽管长线投资者需要一定的持股耐心，但作为一般投资者，持币的耐心也很重要。身处市场之中，面临更多的考验是耐心等待最佳入市时机的内心煎熬。等待的过程虽然痛苦，但却是必需的。必须克服那种企望买到最低价的心理，因为最低价是可遇而不可求的。当股价稳定后再买入才是风险与收益的最佳平衡。

处于跌势中的股票，正是风险释放的过程，贸然进入，往往会让你立即品尝后悔的滋味。除非你能非常肯定跌势已尽，你一定不能想当然地以为你买了以后就不会再跌了。尤其是股价处于一段中期跌势里，一定要让它跌够跌到底，出现明显的稳定迹象后方可买入。所谓的买跌，应该指的是买入跌后的股票，而非正在下跌的股票。

一般说来，处于跌势中的股票由于不会出现买盘过多的情况，因而无须担心买不到股票或者高买，一般都会有充分的时间让你从容地买到你选择的股票，耐心地等待底部的出现，这是你唯一可以做的。因为资金才是你手中的武器，不合时机地挥动手中的武器，会使之钝化，只有一招制敌，才会成为真正的高手。